「幸運体質」になる！

腸内美容《インナービューティ》メソッド

腸内美容開発者
HAZUKI

WAVE出版

はじめに

はじめまして、長崎で腸内美容開発サロンとメーカーを経営している
ＨＡＺＵＫＩと申します。

エステサロンといえば、〝美＝外面〟を磨く場所、というのが一般的なイメージだと思います。

しかし、私は自分が病気や肌トラブルで苦しんだ経験から、「見えないところ」に目を向けていかないと、美しさも健康も手に入らないと痛感しました。

そこで、腸内について研究し、「腸内美容」という新しい美容法を開発したのです。まだ腸内細菌の存在が世に広く知られていない、25年前のこと

でした。

腸内美容とは、目に見えない「菌」という存在に目を向けることで、見た目だけでなく、身体や心までを美しく磨き上げ、私たちを幸せにしてくれる美容法です。

私自身、20代の頃までは、健康＝命という認識がなく、無理をして命を落としかねない病気を経験しました。

不摂生がたたって健康を損ない、経営者としての判断を誤って人に迷惑をかけたり、信用を失ってしまったこともありました。

本書を手に取ってくださったみなさんは、心も身体も今の人生に満足していますか？

私は腸について学ぶうちに「菌」の存在を知り、菌の世界は人間が暮らす世の中の縮図だと気づかされました。

菌には善い菌、普通の菌、悪い菌がいるように、人間にも善い人間、普通の人間、悪い人間の3種類がいるのです。

だったら、「善い人間」になって、楽しく幸せなことの多い人生を送りたいですよね。

でも、人生を「楽しい」と感じるのも、「苦しい」と感じるのも、自分の捉え方次第です。

人は捉え方次第で、平和に暮らせるか、人と始終争い続けるかが決まってきます。

私たちの腸内に棲む菌たちは、気の合う仲間同士で平和に暮らし、腸内フローラと呼ばれる花が咲き乱れる美しいお花畑を作っています。菌と同じように、私たちの誰もが平和に幸せに生きていける力を、生まれつき持っているのです。

ところが、自分と他人を比べてねたんだり、他人を騙して自分だけトクをしようとしたり……。自ら幸せを壊すという、じつにもったいないことをしてしまうこともあるのです。

私が本書でお伝えしたいのは、一度きりの大切な人生だからこそ、楽しく幸せに生きるために、誰かと比べず、自分自身に満足できる自分を、自ら育ててほしい。それができれば、生きていくことが今の何百倍もラクになるということなんです。

「それができないから苦しいの！」と思うかもしれませんが、私たちは特に「本質的に身体が嫌だと感じること」「自分に合わないこと」「自分が辛いと感じること」を我慢し続けていると、心身に拒絶反応が出てきます。

それでも無理し続けてしまうと、お金がなくなってしまったり、病気になったりするばかりか、自分の大切な家族・会社・愛する人を失ってしまうかもしれません。

大切なものほど目に見えないものです。

私がいう**「自分育て」は、自分自身を知ること**です。

「自分にとって何がストレスになるのか」

「何が好きなのか」

「何が嫌なのか」を知り、自分をコントロールして良い方向に進んでいくための基礎を作っていくのです。

基礎を作る？　私はキレイになりたいだけだから、そんな難しそうなことは考えたくないし、やりたくない、と心が拒否してしまう人がいるかもしれません。

でも、少し立ち止まって考えてみてください。

あなたの腸内に棲む菌たちは、
「善い人生にしたいなら、善玉菌を育ててよ！」
「悪い人生にしたいなら、悪玉菌の生活をしていればいいよ！」
と毎日毎日、発信してくれています。

要は、この菌たちの声に耳を傾け、日々の生活を見直していけばいいだけなんです。

毎日の生活をほんの少し意識して変えるだけ。それだけで、これまでに経験したことがないほどに、脳も身体も肌も健康に美しく変化し、直感が冴えてきます。

あなたにしか自分の腸内に棲む菌たちを育てることはできません。
あなたの人生の最高のプロデューサーは、あなたしかいないのです。

どうかみなさんが本書を通じて菌の存在や役割に気づき、健康な身体、美しい肌、安定した心を手に入れてくださることを願っています。

「生まれてきてよかった」

「美しくなれて毎日が楽しい」

「人生を賭けることのできる仕事が見つかって幸せ」

こんなふうに、自分の人生を目いっぱい謳歌してくだされば、こんなに嬉しいことはありません。

２０１９年　５月　ＨＡＺＵＫＩ

contents

chapter
05

「美頭菌」を育てて頭皮からアンチエイジング …… 149

chapter 06

メンタルが安定し、強運体質になれる「育菌生活」……167

編集協力……伊藤彩子
デザイン・イラスト……Harada + Harada
本文デザイン・DTP……満仲裕子
校正……有限会社メイ

chapter 01

時代遅れのハダ、カラダ、ココロになっていませんか？

身体の不調は頭皮の炎症や抜け毛から始まった

「エステに通っているのに、なかなか痩せない」

「高い美容液を使っているのに、シミやシワが増えるばかり」

「どんなシャンプーを使っても、頭皮のかゆみが消えない」

「どんなに頑張っても、周りから認められず、ついグチってしまう」

「結婚も出産も仕事も順調な友人がうらやましくてしょうがない」

こんな悩みを抱えているあなたは、〝時代遅れ〟の肌、身体、脳になっている可能性が大です。


「いきなり時代遅れだなんて失礼ね！　こんな本、読みたくない！」と怒りを感じる方もいるかもしれませんね。でも、何を隠そう私自身が、長いあいだ時代遅れの体質に苦しんできたひとりなのです。

この章では、私自身がどうやって時代遅れの体質と脳を根本的に改善することができたのか、お話ししていきますので、しばらくお付き合いください。

始まりは16歳のときでした。頭皮が日焼けしたように赤く炎症を起こし、ヒリヒリ痛み始めたのです。そのうち髪が抜け落ち、ひどいときはカツラが必要になるほどでした。シャンプーや育毛剤、頭皮マッサージ、育毛サロン、サプリメント、ドクターから処方された薬など、ありとあらゆるものを試しましたが、一度治っても再び炎症が始まるという繰り返し。根本原因を突き止めるまで、1000万円以上のお金を費やしたでしょうか。

そんな頭皮トラブルを抱えたまま高校を卒業した私が出合ったのが、補正下着でした。身につけるだけでこんなに美しいボディラインになれるなんて！　自分が受けた感動をお伝えしたいと、補正下着の訪問販売の仕事に飛び込んだのです。しかし、訪問販売の仕事はそう甘いものではなく、なかなか思うように結果を出すことができません。

打開策を見いだせないまま何となく仕事を続けているときに、人生のターニングポイントとなる出来事があったのです。

「根本的に女性を美しくしたい」と補正下着からエステの世界へ

それは、弟の死でした。

共働きで多忙だった両親に代わって家事を一手に担ってきた私は、2歳年下の弟を目に入れても痛くないほど可愛がっていました。朝ご飯を一緒に食べた弟が、交通事故による即死で、もうこの世にいない。一生会うことができない。家族の死は、これ以上辛いことがあるのだろうかという痛みを私にもたらしました。

特に辛かったのが、嘆き悲しむ両親の姿です。我が子に先立たれた悲しみは、四十九日が終わり、生活が日常のペースを取り戻すにつれ、深さを増していきます。いつもの食卓、いつものリビングに息子の姿がない。その事実に打ちのめされる両親の姿に、たったひとり残された娘が元気で生きることが何よりの救いになるのではと思った私は、中途半端だった訪問販売への取り組みを本格化させることにしたのです。

命があれば何でもできる。

私を突き動かしたのは、その一念でした。それ以来、1年間で100人のお客様を作ることを目標に、お友だちの紹介で会社の昼休みなどに10分だけ時間をいただく日々を過ごしました。しかし、言葉でいくら「理想の体型が手に入る」と訴えても、お客様は「ふーん、そうなんだ」と、どこか他人事《ひとごと》のまま。どうすれば、本当にボディラインが変わることを納得してもらえるのか……。そうだ、変化した自分の身体を実際にお客様に見ていただければ、説得力が出るのではないか。命がある限り、できることは全部やり尽くそう、そう決意した私は、下着姿でお客様の前に立ったのです。

翌日から、注文の電話が殺到し、ようやく事業は軌道に乗ってきたのですが、私は再び壁にぶち当たります。補正下着で体型を整えることはできるものの、当然ながら脱げば元通りになってしまいます。もっと根本的にお客様を美しくする方法はないだろうか。そこで、エステティックサロンの世界に飛び込んだのです。

エステはまったくの門外漢でしたが、技術の修得やスタッフの教育に全身全霊で打ち込むうちに、自社ビルのサロンをオープンさせ、スタッフの数も順調に増えていきました。

26歳で子宮頸がんにかかるも「育菌生活」でがんが消えた！

しかし、「命さえあれば何でもできる」ということをお客様やスタッフに伝えたいと、寝る間も惜しんで前のめりに突っ走り続ける私の姿は、周囲の共感を呼ぶものではありませんでした。「社長のようにはなれません」と辞めていくスタッフが徐々に増え、売上も低迷し始めてしまったのです。

そこに追い打ちをかけるように、私の身体に異変が表れます。

ドクターから告げられたのは、「子宮頸がんのステージⅡb」という信じられない言葉でした。当時、私は26歳。子宮がんだと、子どもはあきらめざるを得ません。これから結婚・出産して子どもを持つという夢が断たれるばかりか、両親に再び我が子を失うという悲しみを味わわせてしまうかもしれない。店は、スタッフの生活はどうなるのかと頭が真っ白になりました。

進行が早かったことから、早急に手術が必要ということで、手術日は2週間後に決まりました。

担当していたお客様に、施術を別のスタッフが担当することをお伝えしていると き、ひとりのお客様が「どこか悪いの?」と尋ねてくださいました。本来なら、お客様に個人的な事情をお話しすることはないのですが、そのときは不安が大きかったこともあり、思わず病気のことを打ち明けてしまったのです。

実業家であるそのお客様は、私の話を聞くなり「腸内環境が悪いのよ」と、その夜、腸内環境を整える健康食品を手がけている社長さんに引き合わせてくださいました。

その社長さんによれば、**「免疫細胞の70%は腸に存在している。だから腸内環境を改善すれば、がんを克服することも可能だ」**ということでした。

健康で免疫力が高い人は、

・善玉菌が20％
・日和見菌《ひよりみきん》が70％
・悪玉菌が10％

という比率で、腸内環境が安定しているといいます（腸内細菌については、2章以降で詳しく解説していきますので、ここでは軽く「そういうものなんだな」とざっくり理解しておいていただければOKです）。

しかし、私のようにがんになったり、病院に行くまでもない身体の不調＝未病を抱えていたりする人の腸の中では、70％の日和見菌が悪玉菌化しようとしています。

日和見菌が悪玉菌化してしまう原因はさまざまですが、代表的なものが、

・ストレス

・生活習慣の乱れ
・食生活の偏り
・睡眠不足

ということでした。

考えてみれば、食事は空き時間にコンビニのおにぎり程度で済ませ、サロンが終われば従業員を自宅まで車で送り届け、家に帰りつくのは深夜12時過ぎ。深夜2時にようやくベッドに潜り込んでも、心が離れかけている従業員たちにどう接するべきか、経営はどう進めていけばいいのか頭を悩ませているうちに、朝が来ているということもめずらしくありませんでした。まさに悪玉菌が優勢になる生活をしていたのです。

ワラにもすがる思いで、その健康食品を購入した私に、社長はこうアドバイスしてくれました。

「いくらこの健康食品を飲んでも、生活を変えなければ意味がありませんよ」

社長から教わった腸内環境を整える食生活や生活習慣を必死にメモし、それらを実践し、健康食品を飲む。こうした生活を、手術までの2週間、徹底しました。

すると、術前の病理検査で、驚くべき結果が出たのです。

「この2週間、何をされたのですか？　がんが消え、ステージがⅠbに下がっています」

ドクターのこの言葉を聞いた瞬間、私は号泣してしまいました。両親にもサロンの従業員にも心配かけまいと、病気のことを明かすことができず、経営のプレッシャーもある中で、この思わぬ朗報に、張りつめていた緊張の糸がぷつりと切れてしまったのでしょう。がんが消えたうえに、大地が震えるほどの大泣きをした私に、ドクターがダブルでビックリされていた様子が昨日のことのように思い出されます。

この経験から私の探究心が目覚め、腸内細菌や肌の常在菌（＝美肌菌）を専門的な研究所に勉強に通い、これらの菌を育てる「育菌生活」に取り組むようになりました。

その結果、半年後のがん検査でも再発することなく、その後33歳で長女、35歳で長男を出産することができたのです。長年、悩まされていた頭皮のかゆみも、完治したわけではありませんが、原因を知り、腸内環境を整えることで上手に付き合えるようになりました。

また、「育菌生活」を続ける中で、人間関係やメンタル、収入などにも劇的な変化が起こりました。

私が「コレこそ私の天職だ!」と思った「腸内美容メソッド」に取り組み、15年後に美容業界最大級のコンテストで発表したところ、全国2位に入賞。これをきっかけに全国200超のサロンが、腸内環境を整えることで人間本来の生命力を引き出す「腸内美容メソッド」を取り入れるまでになったのです。20年後の収入は、創業当時の10倍にもなっていました。

　そして、私は次第にスタッフを信じて任せるということができるようになり、経営のストレスから発症していたパニック障害も克服。思考がポジティブになって、勘が冴え、ブレない自分になっていることに気がついたのです。腸や肌、頭皮、髪、メンタル、それぞれに効く「育菌生活」は3章以降で個別に解説しますので、ぜひ実践してみてくださいね。

健康な心身の持ち主にしか幸せが訪れない「ヒルの時代」がやってきた

ちょうどその頃、ある経営の勉強会に参加したところ、興味深い発見がありました。地球が誕生してから今日までの歴史や宇宙の法則を知ることで、未来の世の中がどうなるかを知り、経営ビジョンの策定に役立てよう、という内容だったのですが、それを聞いた私はさまざまなことが腑に落ちたのです。

時代の大きな流れは、2500年周期で入れ替わるといわれています。

これまでの2500年間は「ヨルの時代」でした。情報や物質を独占している一部の権力者の座に就こうと、仲間を蹴落としたり、騙したりしながら競争を勝ち抜くことが良しとされていました。「自分がどう思うか」ということよりも、世間や会社の価値観に合わせて生きることが求められていたのです。

つまり、権力者は多少悪いことをしても、権力を盾にして悪事を隠ぺいし、甘い汁を吸うことができました。権力を持たない人であっても、権力者に従うことでそれなりのメリットを得られた時代なのです。いわゆる「持ちつ、持たれつ」という関係ですね。

しかし、2011年頃を境に、時代は「ヒルの時代」へと移行を始めています。インターネットの普及により、情報は一部の権力者だけのものではなくなりつつあります。政界や経済界、芸能界、スポーツ界などにおいて、どんなに地位のある人であっても、汚職、パワハラ、セクハラ、不倫などの悪いことをすれば、それが白日のもとにさらされてしまうのです。ニュースを見ていても、それが納得できる事件が多いと思いませんか?

「育菌生活」で、自立した健やかで幸せな人生を送ろう!

じつは、ライフスタイルや健康においてもヨルからヒルへの移行はすでに始まっています。

ヒルの時代において中心になるのは、物質的なものばかりに重きをおく人ではなく、目に見えない精神的なつながりや価値に重きをおく人です。また、組織の中で上司に追随して生きる人より、「自分がどう思うか」「自分がどう生きるか」という自立した考えを持つ個人が生きやすい時代になります。これまでは家庭や会社で男性に従う立場だった女性たちが、自分で小さなサロンを主宰したり、SNSを駆使してインフルエンサーとして活躍し始めているのも、こうした「自立」の時代になってきているからなのです。

深夜残業や仕事のストレスを大量の飲酒や美食で紛らわすのが当たり前であり、「寝てない」と口にすることがステータスだったのがヨルの時代なら、根本から健康で健全な心と身体の持ち主でなければ、幸せになれないのがヒルの時代です。

振り返ってみれば、私がストレスまみれになりながら命がけで仕事に打ち込んでも、成功が長続きせず、人間関係や赤字に悩まされていたのは、ヨルからヒルへと移行しつつある変化に気づかず、時代遅れの肌や身体、心のままでいたせいだったのです。

荒れた肌、ストレスで疲れ切った身体、すぐ人の言葉に左右されてブレてしまう心。これらを根本から改善するには、どうしたらいいか。

その答えは、目に見えない**腸内細菌を育てる「育菌生活」を送ること**にあります。外で無意味に派手に遊び歩くよりも、腸内細菌を健やかに育てる「育菌生活」を送るほうが、幸せになれる時代がやってきたのです。

そもそも、腸内細菌のありようは小宇宙によく譬えられ、人間社会の縮図ともいわれています。

・天職に就き、ブレない心を持つ「善玉菌」
・自分の能力に気づかず、人の意見に振り回されて右往左往している「日和見菌」
・悪いことをしても罪悪感すら持たない「悪玉菌」

だからといって、善玉菌100%では腸内の免疫体系を健康な状態に保つことができません。健康な人の腸内細菌は、先に触れたように善玉菌20%、日和見菌70%、悪玉菌10%という微妙なバランスで成り立っています。善人だけでなく、凡人も悪人も必要だというのは、まさに人間社会と同じですね。

日和見菌を善玉菌優勢へと導くためにも、そろそろ時代遅れの体質を卒業し、新時代にふさわしい、真に美しい肌や身体、心を手に入れてみませんか?

chapter 02

「育菌」で健康と美肌が手に入るのはなぜ？

美と健康の源は〝菌〟にあり

腸内細菌や肌の常在菌＝美肌菌を育てる「育菌」が、なぜ健康や美容に大きな効果を発揮するのでしょうか。この章では、その秘密をご紹介していきます。

考えてみれば、腸や肌の菌をどうこうするより、サプリメントを飲んだほうが健康に良さそうですし、肌に直接アプローチできる美容液のほうが結果が早そうに感じますよね。

でも、いくらサプリメントや美容液を投入しても、なかなか不調が改善しなかったり、肌がキレイにならなかったりしませんか？　それは、腸内細菌や美肌菌のバランスが崩れているからなんです。

免疫機能をつかさどる「腸内細菌」

まずは、美と健康のもとである腸内細菌についてお話ししていきましょう。

意外なことに、人が誕生するとき、真っ先に作られる器官が腸なんです。さまざまな情報をキャッチする神経細胞が張り巡らされている腸は、脳から独立して働くことができる唯一の臓器ということで、「第二の脳」と呼ばれています。単に食べたものを消化吸収するだけの器官ではないんですね。

腸にはさまざまな働きがあり、そのひとつが**「全身の免疫機能をつかさどる」**というもの。そもそも腸は食べ物とともに病原菌やウイルスなどが侵入してくるところなので、そうした外敵から身を守るため、全身の約7割(!)もの免疫細胞が腸に集結しているのです。

この免疫機能に大きな影響を与えているのが、約500種類、1兆個、重さにして1・5～2キロほどもあるといわれる腸内細菌です。これらは種類ごとにグループを作り、腸の壁面に棲んでいます。顕微鏡で見るとお花畑（＝フローラ）のような様子をしていることから、「**腸内フローラ**」と呼ばれています。

腸内フローラの様子は、本当に人それぞれ。人種や年齢はもちろんのこと、普段の食事や生活習慣によっても変わってくるため、指紋のように、ひとりとして同じものはないといわれています。

この腸内細菌が免疫細胞と連携して、免疫機能をはじめ、美や健康、メンタルまでをもコントロールしているのです。

腸内細菌には3種類ある

腸内細菌は、「善玉菌」「日和見菌」「悪玉菌」と大きく3つのグループに分かれています。

それぞれどんな働きをする菌なのか、見ていきましょう。

◎善玉菌（＝美腸菌）

【代表的な善玉菌】

・乳酸菌

・ビフィズス菌

【どんな働きをする?】

・腸の働きを整える

・免疫力を高め、感染症から身体を守る
・免疫細胞を活性化させる
・食物繊維やミネラルを分解し、腸の負担を減らす
・消化吸収を助ける
・ビタミンBやビタミンKなどを合成する
・ぜん動運動を促し排泄する

◎日和見菌

【代表的な日和見菌】
・バクテロイデス
・大腸菌（無毒株）
・連鎖球菌

【どんな働きをする?】
・善玉菌と悪玉菌、どちらか優勢なほうに味方をする

・悪玉菌が優勢になると、免疫力が弱まり、不調や病気の原因になる

◎悪玉菌

【代表的な悪玉菌】

・大腸菌（有毒株）
・ウェルシュ菌
・黄色ブドウ球菌

【どんな働きをする?】

・腸内の食べカスを腐敗させ、下痢や便秘を引き起こす
・毒素や発がん性物質を発生させる
・臭いガスを発生させる
・絨毛の働きを弱め、排泄力・吸収力を低下させる

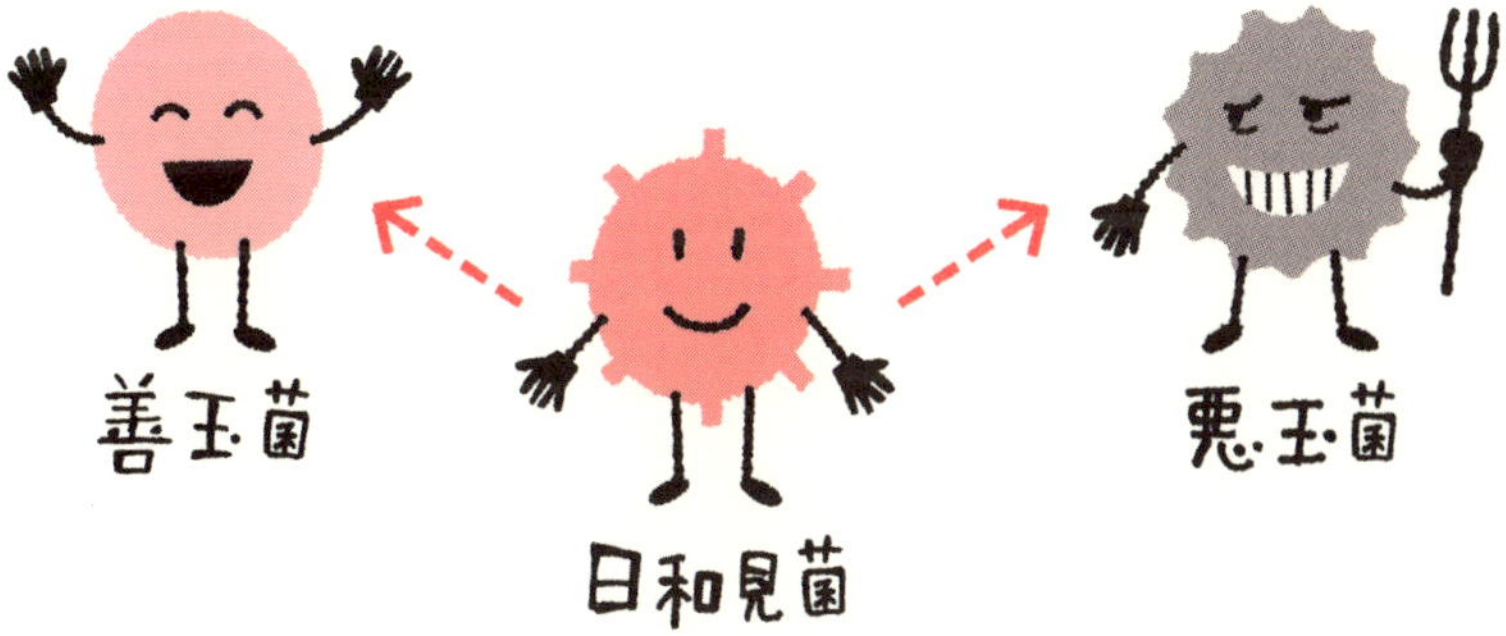

菌の「生産物質」が美と健康を左右する

どの菌も、腸内にあるエサ（食物が消化吸収されたあとのカス）を食べ、代謝活動をして、生産物質を出しています。人間がご飯を食べて生活し、排泄を行うのと一緒です。

ただし、菌が生成する生産物質は、単なる排泄物ではなく、良くも悪くも私たちの身体に大きな影響を与えています。

たとえば善玉菌は、オリゴ糖や食物繊維などを分解して、腸の中で乳酸や酢酸（乳酸菌より強い殺菌力を持つ）などの生産物質を生成します。これによって腸内が酸性となり、悪玉菌の増殖を抑えたり、病原菌の侵入を防いだりして免疫機能を高め、さらには腸のぜん動運動を促して便秘知らずの腸を作ってくれているのです。そのため、私はこの善玉菌を「美腸菌」と呼び、お腹の中で可愛がっています。

一方、悪玉菌はタンパク質や脂肪を分解し、オナラやウンチの臭いニオイのもとになるアンモニアや、アレルギーなどのかゆみのもとになるヒスタミン、発がん性物質などの生産物質を生み出します。

ということは、善玉菌が優勢のバランスが整った腸内フローラは、「お花畑」という名にふさわしく、色とりどりの美しい花が一面に咲き乱れるかのごとく、甘い香りが漂っているようなイメージです。

ところが、バランスが崩れた悪玉菌が優勢の腸内フローラは、咲き乱れていた花も腐り果て、臭いガスを発し、見るに堪えない状態になってしまうのです。

理想的な腸内細菌のバランスとは？

では、善玉菌、日和見菌、悪玉菌、これら3つの腸内細菌がどのような状態であれば、美しく健康な心と身体になれるのでしょうか。

すでに1章でお話ししたとおり、健康な人の腸内細菌のバランスは、

・善玉菌20％
・日和見菌70％
・悪玉菌10％

となっています。

このバランスが保たれている人は、免疫力が高いのはもちろん、健康面、美容面、

メンタル面にも次のような好影響があるといわれています。

◎健康面への効果

・免疫力がアップし風邪をひきにくくなる
・アレルギーが出にくい
・がんや糖尿病、動脈硬化などの病気にかかりにくくなる
・自立神経を安定させ、夜ぐっすり眠ることができる

◎美容面への効果

・便秘知らずで肌がキレイになる
・血流がアップして代謝が上がり、食べても太りにくい体質になる
・むくみにくくなる
・老化のスピードが遅くなる＝アンチエイジングになる

◎メンタル面への効果

・前向きになる
・クヨクヨしなくなる
・判断力がアップする
・チャレンジ精神が出てくる

食べても太りにくい人の腸内細菌は「ヤセ菌」と呼ばれており、腸内環境を改善することで脂肪の蓄積を予防したり、代謝を上げてエネルギーの消費を促す効果があります。

また、最近では、腸内環境とうつ病や自閉症、パーキンソン病といった脳やメンタルヘルスとの関連が報告されており、注目度が高まっているのです。

日和見菌、悪玉菌がいるのは何のため?

でも、ここでひとつ疑問が生まれます。

悪玉菌化する可能性のある日和見菌、がんや体調不良の原因になる悪玉菌に、存在意義はあるのでしょうか。胃がんの原因になるピロリ菌を除去するように、日和見菌や悪玉菌を追い出してしまえばいいような気もしてきます。

しかし、**腸内細菌は3つの菌がバランスよく共生している**ことに意味があり、善玉菌オンリーになってしまうと、それはそれで不都合なのです。

じつは日和見菌は、善玉菌優勢の腸内ではビタミンの生産を助けるなどの良い働きをするほか、免疫力向上のカギを握るという研究結果が出ています。免疫細胞を活性化させる働きが、善玉菌より優れている可能性があるというのです。

悪玉菌に追随する困ったヤツかと思いきや、こんな優秀な一面を隠し持っているんですね。

悪玉菌も、タンパク質や脂肪を分解して消化・吸収を助けるなど、私たちの身体に必要不可欠な働きをしています。

悪玉菌がいないと、食べたお肉はずっとお腹の中にとどまってしまうことになります。さらに、大腸菌やウェルシュ菌といった自然界にも多く存在する悪玉菌が体内に共存することで、食中毒の原因になるサルモネラ菌や病原性大腸菌、結核菌などの病原性細菌の侵入に耐えうるような免疫力が強化されるのです。

考え方としては、死んだウィルスをワクチンとして使い、ウィルスへの免疫力を強化して感染を防ぐインフルエンザの予防注射と同じですね。

つまり、大切なのは日和見菌や悪玉菌を排除することではなく、必要以上に増殖させないこと。バランスが重要なのです。

そこで気になるのが、「自分の腸内細菌バランスが今どうなっているか」です。それを知るために、次のページのチェックリストで生活や食事などについて確認してみてください。

美腸菌　チェックリスト

□野菜不足だと感じている
□肉食や外食が多い
□ファーストフードやスナック菓子などが好き
□常に便秘ぎみ、もしくは下痢ぎみ
□オナラが臭い
□風邪をひきやすい
□寝起きする時間が不規則だ
□睡眠時間が7時間以下だ
□飲酒量、喫煙量が多い
□運動不足である

□湯船につからず、シャワーのみ
□ストレスが多い
□顔色が悪い
□痩せにくい、もしくは太りやすい
□むくみやすい

チェックが、

0〜3個　腸内細菌はGOODバランス！　油断せず育菌生活を続けて
4〜6個　乱れ始めていますがチェックがついた項目を改めれば問題ナシ
7〜9個　日和見菌が悪玉菌化しつつあるので、今すぐ食生活を改めて！
10〜12個　心身に不調を抱えているはず。生活全般にわたって見直しを
13〜15個　悪玉菌優勢のBADバランス。育菌に励まないと命の危険が！

美肌のカギを握る「皮膚常在菌」

次に、顔に棲む菌についてお話ししていきましょう。

自分の病気をきっかけに腸内美容を研究し始めた私は、皮膚にも菌がいることを知りました。

それが**皮膚常在菌**です。

腸に100兆個存在するといわれる腸内細菌に比べ、顔の皮膚にいる皮膚常在菌は19種類、1兆個ほど。腸の100分の1という少なさです。

なぜ、顔には皮膚常在菌が少ないのでしょうか。

菌が育つには、栄養と高温多湿な環境が必要ですが、常に飲み物や食べ物が入ってくる腸内とは違い、顔の皮膚は外気に触れて乾燥していますし、栄養も汗や皮脂、アカなどごくわずかだからです。

肌の美しさや不調に大きく関係する皮膚常在菌は、腸内細菌と同様、次の3つに分けられます。

- **善玉菌＝表皮ブドウ球菌**
- **日和見菌＝アクネ菌、マラセチア菌**
- **悪玉菌＝黄色ブドウ球菌**

美肌菌が元気だと肌はうるおって弱酸性に

善玉菌である表皮ブドウ球菌は、美肌を作るので**「美肌菌」**と呼ばれます。腸内細菌のところで菌の代謝で生み出される生産物質についてお話ししたのを覚えていますか？　表皮ブドウ球菌の生産物質は、なんとグリセリンなどの保湿成分。つまり、美肌菌がしっかり働いている肌は、天然のクリームで常にうるおっていて、乾燥知らずでツヤがあります。

皮膚は表皮、真皮、皮下組織の3層から成り、一番外側の表皮は角質層、顆粒層、有棘層、基底層の4層に分かれています。美肌菌が棲んでいるのは、肌の一番外側である角質層。厚さわずか0・02ミリの部分です。角質層はうろこ状の角質細胞が10層ほどぎっしり重なり合っていて、美肌菌は角質層の表面に加え、うろことうろこのすき間と6層目までに棲み、皮脂や汗を食べてうるおい成分を出してくれているのです。

しかし、加齢や季節、天候、時間帯などによって、美肌菌のエサとなる皮脂や汗の量などが増減するため、肌は放っておくと自ずと中性に近づいていきます。赤ちゃんや高齢者が皮膚の感染症にかかりやすかったり、季節の変わり目に肌が荒れたりするのは、肌が弱酸性から中性に偏るからです。

「良い子」「悪い子」の二面性を持つアクネ菌

美肌菌の働きを助けてくれるのが、日和見菌であるアクネ菌。そう、ニキビの原因とされ、悪者扱いされがちなあの菌です。

じつはアクネ菌は、酸素がある環境では悪さをしません。美肌菌と一緒になって皮脂や汗を食べてプロピオン酸や脂肪酸などの酸を出し、皮膚を弱酸性にキープしたり、悪玉菌の繁殖を抑えたりしています。

美肌菌ほどではないにせよ、保湿成分も分泌してくれる、「美肌菌の仲間」なのです。

しかし、毛穴に汚れや皮脂が詰まって酸素がない環境に置かれると、アクネ菌は豹変！　炎症を起こすタンパク質をまき散らし、せっせとニキビを作り始めてしまいます。

かといって、いくらアクネ菌を殺菌して追い出しても、ニキビは消えません。なぜなら、アクネ菌は「皮膚常在菌」として私たちと共生している菌なので、退治したかに見えても、必ず皮膚のどこかに潜んでいて、完全にいなくなることはないのです。

そのため、毛穴を詰まらせないケアをしながら、美肌菌を育てるのがおすすめ。じつは美肌菌には、アクネ菌の大増殖を抑える働きもあるのです。だから、「育菌」が大切なんですね。

健康肌の人でも要注意の悪玉菌＝黄色ブドウ球菌

悪玉菌の代表は、黄色ブドウ球菌です。健康な人の8割は、常在菌の中に黄色ブドウ球菌を持っていないのですが、残り2割の人はこの菌を持っています。アクネ菌と同じく酸素があれば悪さはしませんが、毛穴が詰まって酸素がなくなるとニキビを悪化させることも。黄色い膿《うみ》を持つ黄色ニキビは、黄色ブドウ球菌が悪さをしている可能性が大であり、アトピー性皮膚炎の人は、黄色ブドウ球菌の保菌率が高いといわれています。

また、保菌者でなくても、黄色ブドウ球菌は自然界のいたるところに存在しているため、食べ物と一緒に体内に入れば食中毒、血液中に侵入すれば敗血症などを引き起こしてしまうこともある、恐ろしい菌なのです。

肌トラブルとは無縁だった人でも、加齢や紫外線、ストレス、過剰な洗顔などで肌が中性に傾くと、突然黄色ブドウ球菌が大増殖して悪さを始めることもあります。また黄色ブドウ球菌の中には、強い毒素を出して角質層の細胞同士をつないでいる糖タンパクを溶かしてしまうものもあります。その結果、すき間なく並んでいたうろこ状の角質細胞がバラバラになってバリア機能が働かなくなり、肌の乾燥が進んで炎症を招いてしまうことも出てきます。

私自身、肌が悪玉菌だらけだった頃は、肌を保護してくれる皮脂膜がなく、乾燥して肌はカピカピ、ちょっとしたホコリが刺激になって炎症を起こし、かゆくてたまりませんでした。でも安心してください。美肌菌を育てて肌を弱酸性に保てば、この恐ろしい黄色ブドウ球菌の大増殖を防ぐことができるのです。

では、あなたの「今」の肌は、美肌菌が元気に働いて弱酸性に保たれているでしょうか。次のページのチェックリストで確かめてみてください。

美肌菌　チェックリスト

□ 洗顔は汚れをしっかり落とすためゴシゴシ洗っている
□ 洗浄力の強い洗顔フォームを使っている
□ 洗顔フォームで朝晩2回顔を洗っている
□ 洗顔には、シャワーのお湯を使っている
□ 湯船に15分以上入っていない
□ ストレスフルな生活を送っている
□ 肌の乾燥が気になる
□ 紫外線対策には無頓着だ
□ 運動する習慣がない

□アトピー性皮膚炎だ
□ニキビができやすい

チェックが、
0〜1個　美肌菌が元気な状態です。油断せず弱酸性肌を保持しましょう
2〜4個　美肌菌が減り始めています。チェックがついた項目を改めて
5個以上　美肌菌が少ない状態。悪玉菌が暴れ出す前に、美肌菌をいじめる生活習慣を今すぐ見直しましょう

減る一方の善玉菌を「育菌」で増やそう！

［美腸菌　チェックリスト］［美肌菌　チェックリスト］の結果はいかがでしたか？

結果が良かった方にも、悪かった方にも覚えておいていただきたいのは、美腸菌も美肌菌も年齢を重ねるにつれて減っていき、トラブルが起きやすくなる、という事実です。

実際、20歳頃にピークを迎える免疫力は、そのあと下降の一途をたどり、40歳頃にはピーク時の半分程度まで低下してしまうのです。50代前後からがんが増加したり、インフルエンザで高齢者が亡くなったりするのは、免疫力の低下とも無縁ではありません。

一方で、腸内細菌の乱れや肌トラブルの原因は、加齢によるものばかりではありません。年齢は若くても、不健康な食事や寝不足、ストレスだらけの生活、間違った生活・美容習慣を続けていれば、かつての私のように免疫力が落ち、心身の不調や病気、肌の炎症などを招いてしまうのです。

誰でも年を取りますし、仕事や家事で忙しく、なかなか健康そのものの生活を送ることは難しいですよね。だからこそ、**美と健康を作ってくれる美腸菌・美肌菌を自分で育てていく「育菌生活」**が必要なのです。

私自身、育菌の大切さを知らなかった頃は、子宮頸がんをはじめ、頭皮マラセチア毛包炎、自律神経失調症、太りやすい体質などに悩まされ続けてきました。

その頃は「どうして私ばっかり?」と、常に心に不満を抱えていたのです。

そんな**不満だらけの心が変わったのは、「善玉菌を大切に育てる」という観点を持ったことがきっかけ**でした。そもそも、肉が悪玉菌のエサとなることを知らなかったので、「疲れたからスタミナをつけよう」と焼き肉をモリモリ食べて、かえって疲労や肌荒れ、太りやすい体質を悪化させていることに気づいていなかったのです。運動不足やシャワーだけの生活で、美肌菌に皮脂や汗というエサをきちんと与えてあげられていないことにも無自覚でした。

要は、不美人化、不健康化を生み出していたのは、外からきた敵ではなく、自分の肌や体内にいる〝菌〟であり、その菌をいじめ抜いていたのは、なんと自分自身だったのです。善玉菌＝美腸菌や美肌菌が喜ぶ環境とエサを用意すれば、菌は私たちの肌や心身が喜ぶ生産物質をせっせと生み出してくれます。

具体的な育菌生活のしかたを、３章以降で紹介しますので、ぜひ実践して「自分」と「菌」のＷｉｎ‐Ｗｉｎの関係を築いてください。

chapter

03

「美腸菌生活」で病気知らずのカラダを作る

見た目年齢の差は「腸年齢」の差！

この章では、私たちにもともと備わっている「健康になる力」「美しくなる力」を引き出す〝美腸菌生活〟について、私自身が20年ほど続けている方法を紹介していきます。腸内環境を整え、善玉菌＝美腸菌を大切に育てることで自然治癒力や免疫力を高めます。

私がなぜ、これほどまでに「美腸菌を大切に！」と力説するのかといえば、それは**あまりに「見た目年齢」に大きな差がつくことを実感してきた**からです。

同じ50歳でも、シワやたるみが目立って60歳に見える人もいれば、いつもイキイキハツラツとしていてマイナス15歳にも見える美魔女もいます。この老化の差＝腸内環境の差なんです。**「老化＝腸の老化」と話すドクターもいるほど**です。

エステ業界に27年間身をおいてさまざまな人の体質や肌を見てきたことで、若い頃からの生活習慣が、45歳過ぎからの見た目年齢を大きく左右することがわかってきました。

たとえば、体調に変化が現れ始めるアラサー女子。次の2人のうち、どちらの生活が「老けない」生活だと思いますか？

仕事や恋愛でストレスいっぱいのA子さん。「若いときしか楽しめない！」「ストレス解消だからいいよね？」とオールで遊び、欲望のままに脂肪たっぷりの食事を摂り、お酒をガブ飲み。休みの日は、ファーストフードやスナック菓子を食べながら、友だちとグチや悪口を言い合う。体調を崩せばすぐ薬で誤魔化す。

一方、生活にメリハリをつけるのが上手なB子さん。食べて飲んで遊んだ翌日は、胃腸にやさしい手作りの食事を心がける。ストレスは、ヨガやウォーキングを取り入れて賢く発散。毎日の入浴タイムで芯から温まり、リラックスする時間を持っている。そのせいか、いつも笑顔で性格も穏やか。

あなたは、どちら寄りの生活を送っているでしょうか。

もちろん、誰もがストレスフルな毎日を送っている現代社会では、B子さんのような生活は「忙しいからムリ!」「わかっていてもできない……」という人が多いですよね。じつは、私自身もかつてはA子さんのような生活を送っていました。

なぜなら、それが**「悪玉菌を増やし、健康にも美容にも悪影響がある」**と知らなかったからです。

美腸菌をいじめ抜く生活を続けていても、すぐ心身の健康や見た目の美しさに、重大な変化が現れるわけではありません。でも、悪玉菌の毒素は少しずつ身体をむしばみ、5年後、10年後、20年後、30年後に病気やシミ、シワ、たるみといった形で現れてきます。不規則な生活を続けて26歳でがんにかかってしまった私だからいえることです。

病気になったり、見た目が老け込んでしまったりしては、自信を持って生きることや夢を持つことはできません。

未来の自分を作るのは、今現在の日々の小さな積み重ねです。今ならまだ間に合います。日々を忙しく懸命に生きているみなさんに、誰よりも健康で美しく幸せになってほしい。だからこそ、私が実際にやっている、手軽に毎日の生活に取り入れられる方法を紹介しますので、ぜひ実践してみてください。

美腸菌生活の基本は3つ

美腸菌生活は、**「温める」「排泄する」「美腸菌を育てる」の3つが基本**です。

「美腸菌を育てる」だけでは、なかなか腸内環境を改善することはできません。肝心の身体が冷えていたり、便秘で腸内フローラが毒素でいっぱいだったりすると、美腸菌の働きが停滞して栄養を吸収する力が低下。良い「血」を作ることができないのです。

じつは、ここが大切なポイント。**病気知らずでアクティブに動ける健康な身体やお肌のツヤなどの「若さ」の決め手は、いかに良い「血」を作るかにかかっています。**なぜかといえば血が臓器や肌の「細胞」を作ってくれるから。ドロドロの血では良い細胞は作れません。そんな良質な血と細胞を作ってくれるのが……そう、**「腸」**なんです。

だからこそ、「育てる」と同時に、美腸菌が棲みやすい環境＝身体作りのために、**「温める」「排泄する」も同時並行で行っていく必要がある**のです。

たとえば、美腸菌が分泌する乳酸菌生産物質のサプリメントは、健康や美容に効果があるといわれています。でも、やっぱり効果には個人差があるんです。

38歳のとき、私の会社で腸内美容インストラクターとして働き始め、その後、41歳で自分のサロンを開くという夢を叶えた女性も、「効果に個人差がある」ことを疑問に感じていました。

彼女は、エステティシャンとして美容業界に長く身をおいていたこともあり、乳酸菌生産物質のサプリメントの効果などはよく知っていたものの、お客様におススメするときは必ず「効果には個人差がありますよ」とお伝えしていました。

優れた商品なのに、なぜお客様全員に同じ結果が出ないのか。どうして個人差が生まれるのだろう……。

そんな長年解決しなかった疑問が、腸内美容を改めて勉強することで「そうだったのか！」と腑に落ちたそうなんです。つまり、個人差とは、**腸内環境の差**だということがわかったんですね。

サプリメントや美腸菌が喜ぶ食生活の効果を最大化するためにも、美腸菌が暮らす場所である「腸」の環境を整えることを忘れないでくださいね。

美腸菌生活①「温める」

美腸菌が好むのは温かい環境です。筋肉量の少ない女性の身体は、もともと冷えやすい性質を持っています。

私自身も冷え性で下痢や便秘を繰り返していましたが、次のような「温め生活」を心がけることで、美腸菌が棲みやすい身体へと生まれ変わることができました。

・シャワーではなく湯船につかる

「時間がないし、疲れているからシャワーだけで」という人が多いのですが、それではかえって疲れもとれないし、身体を温めることができません。

じつは、血流を促して全身を温める方法は、「湯船につかる」か「運動する」の2つしかありません。運動好きならいいのですが、多忙な人が運動を習慣化するのはけっこうハードルが高いもの。だったら入浴のほうが断然取り入れやすいんです。

夏場は38℃、冬場は41～42℃のお湯に、肩までしっかり15分間つかりましょう。身体を洗ったら、再び15分間、湯船につかります。

時間がない人は前半の15分だけでもOK。全身の血流をアップさせて循環を良くすることで、美腸菌が棲みやすいポカポカの身体を作ります。「時間がないから湯船に15分以上は入っていない」と思っていても、翌日、疲れが抜けずにマッサージに行ってしまえば時間とお金の無駄遣いですよね。どちらが短時間で効率的か、よく考えてみてください。

・冷たい食べ物、飲み物を摂りすぎない

冷たい飲み物を摂るときは氷抜きにするなど、身体を冷やしすぎないことを意識しましょう。できるだけ常温のもの、温かいものを飲んだり食べたりすることを心がけて。

白い食べ物は、体を冷やします。白米・白糖・パン・麺・ヨーグルト……これらの白い食べ物は、昼間、体を燃焼してるときに摂りましょう。

・お腹を冷やさない

下痢や便秘を繰り返す人は、お腹の冷えが原因のことも。血流が悪くなって胃腸の働きが鈍ったり、美腸菌の活動が停滞したりします。ハイライズの下着や腹巻き、カイロを活用してお腹を温めましょう。

美腸菌生活②「排泄する」

便や尿などの老廃物をスムーズに排泄することが、美腸菌が棲みやすい身体を作るポイントです。

老廃物が長く腸内にとどまったままだと、美腸菌が食物繊維やオリゴ糖を食べ尽くし、勢力が衰えてしまいます。すると、代わりに悪玉菌が優勢になり、日和見菌も悪玉菌化することに。こうなると、血がドロドロになって肌荒れやアトピーを引き起こすこともあれば、体臭や口臭の原因になったり、代謝機能が落ちて冷えやすく太りやすい体質を招いたりと、ロクなことがありません。

排泄を促すのに大切な要素のひとつである「食事」については後述するので、ここでは今すぐできる、排泄をスムーズにする方法を紹介します。

・可能な限り規則正しい生活を心がける

腸は生活リズムを大切にする臓器。夜更かしなどで不規則な生活を送ると自律神経のバランスはすぐに乱れてしまいます。すると、腸の働きが低下して便秘になってしまうのです。

食事や就寝・起床、排便の時間などは、なるべく日によってバラつきが出ないよう、規則正しい生活を心がけましょう。私は、仕事の関係で規則正しい生活が難しいので、「就寝時間」だけはなるべく夜12時前を守るようにしています。それも難しい……という人は、以上のうちでできることを頑張ればOK。ストイックに真面目に頑張りすぎるとかえってストレスが溜まって、美腸菌が辛い思いをすることになるので、何事も〝ほどほど〟を意識しましょう。

・ストレスを溜めすぎない

ストレスがゼロの人はまずいません。適度なストレスは、目標達成の原動力や若さを保つモチベーションになることもありますし、日々ストレスを自分なりに解消できていればいいのです。

問題なのは、日々のストレスが発散されないまま溜まっていき、それが自律神経にダメージを与えている場合。こうなると、腸の働きが鈍くなり、便秘を引き起こしてしまいます。

美腸菌をいじめることになる暴飲暴食以外で、ストレスを解消する方法を見つけましょう。冷えのところで挙げた「湯船につかる」でもいいですし、ペットと遊んだり、友だちとのおしゃべりでもいいのです。私は子どもたちと過ごす時間が、一番のストレス解消法です。

・1日1～2リットル程度の水分を摂る

水分をたっぷり摂ることで、便が軟らかくなり、腸内をするんと通るようになります。もちろん、食事のときのみそ汁やお茶も水分にカウントします。また、美腸菌は「多湿」な環境を好むので、育菌にも水分は欠かせないもののひとつです。

・身体を動かしたり、マッサージをする

排泄時には腹筋などお腹まわりの筋力も必要になります。運動する習慣がない人は、まずはお腹を「の」の字にさするマッサージから始めてみましょう。腰を左右にひねるなどの簡単な動きや、湯船の中でふくらはぎや二の腕、腰まわりなど冷えて硬くなっているお肉を柔らかくなるまでモミモミほぐしてみましょう。

毎日意識しながらマッサージして排泄を促すことで、10年後20年後に大きな差が出ます。

美腸菌生活③「美腸菌を育てる」

美腸菌を増やし、元気に働いて生産物質をたくさん分泌してもらうには、美腸菌が好む「エサ」を与えてあげることが大切です。美腸菌のエサとは、つまり私たちが口にする食事のこと。腸内フローラを美しく改善するには、美腸菌が好む食生活を私たち自身が実践する必要があるのです。私たちの身体や肌は、自分が食べたものでできています。美しさを作る土台は食事なのです。これを意識するかしないかは、大きな差になります。わざわざ行う健康法・美容法はなかなか習慣にできないものですが、食事は毎日のこと。美腸菌に良い食事を習慣にしてしまえば、この世でもっとも手軽でリーズナブルな健康法、美容法になるのです。

・毎食、「食物繊維」と「オリゴ糖」を摂る

美腸菌の大好物は、食物繊維とオリゴ糖。1食だけドカンと摂るより、少量でも毎食ごとに取り入れるのが育菌のポイントです。

コンビニエンスストアなどで買い物をするときも、美腸菌が喜ぶ食材や成分が含まれているものを選ぶようにしたいところです。最近、コンビニで見つけた私のお気に入りは「きな粉豆乳ドリンク」。みなさんも自分のお気に入りを探してみてくださいね。

［食物繊維が多い美腸菌食材］

- オクラ、カボチャ、ゴボウ、ホウレンソウ、モロヘイヤ、タケノコ、ヒジキ、サツマイモなどの野菜
- きな粉や納豆などの豆製品
- ワカメやメカブなどの海藻

［オリゴ糖が多い美腸菌食材］

・ゴボウ、ネギ、タマネギ、アスパラガス、ニンニクなどの野菜

・きな粉や豆腐などの豆製品

・肉は、魚や豆腐とバランスよく摂る

悪玉菌のエサとなる肉を食べすぎないことも、育菌のコツです。タンパク質は骨や筋肉、肌、血液を作る栄養素なので、「抜く」のではなく、魚や豆製品、卵、乳製品など、タンパク質を自分の両手の平分、バランスよく取ることがポイント。

肉を食べるなら、悪玉菌を増やして血をドロドロにする唐揚げや霜降り肉はなるべく避け、鶏のささみ、牛や豚の赤身を選びましょう。しゃぶしゃぶなどのときも、ゴマダレよりポン酢＋大根おろしでいただいたほうが消化吸収に良く、美腸菌が喜びます。

・発酵食品を摂る

美腸菌を含む発酵食品を摂るのも効果的です。発酵食品は世界中にあり、キムチやザーサイ、ザワークラウト、チーズなどがよく知られています。もちろん、これらを摂るのも悪いことではありませんが、日本人の美腸菌と相性がいいのは、やはり日本の発酵食品。みそ汁や漬物などを毎日の食生活に取り入れていきましょう。

特にみそ汁は、豊富な善玉菌を体内に取り込みながら、身体を温めることもで

きる優秀メニュー。みそ、しょうゆ、漬物など、日本は発酵食品の宝庫です。

・薬に頼りすぎない

病気でドクターから処方された薬は、きちんと服用しなければいけません。でも、必要以上に薬に頼ってしまうのは、腸内環境のバランスを崩してしまう原因に。特に抗生物質は、悪い菌だけでなく美腸菌も退治してしまうので、むやみに服用するのは避けましょう。

プチファスティング(プチ断食)で乱れた腸内環境をリセット!

身体や肌に次のような異変を感じたことはありませんか?

- □外食が続き胃腸が疲れている
- □風邪をひきやすい
- □最近、便秘がちで、便のニオイがきつい
- □体重が増えてきた
- □肌の調子が悪い、吹き出物ができた
- □イライラする、怒りっぽい
- □体がだるく、倦怠感がある
- □急にアレルギーが出た

じつはこれ、体内が悪玉菌優勢になって毒素が溜まり、腸内フローラが荒れ始めたサインなんです。

そんなとき、毒素を追い出してデトックスし、不調を改善して美しく若返りをはかるには、頑張りすぎないプチファスティングで腸内環境をリセット！　腸をしっかり休ませながら、立て直しをはかる早道です。

本格的なファスティング（断食）は計9日間を要し、固形物を食べない日が3日間もあるため、時間を確保するのも大変ですし、空腹に耐える覚悟がないとなかなか取り組めません。

でも、プチファスティングなら固形物を食べないのはたった1日。計3日間だけでOKなので週末に気軽に取り組むことができ、しっかり効果も得られます。

腸には「消化・吸収」と「排泄」の仕事があります。ファスティングをすると、**「消化・吸収」にエネルギーを取られず、「排泄」のみに集中することができるため、毒素がじゃん**

じゃん排出され、便通も良くなって腸内環境が改善。美腸菌が増えて腸の免疫機能がよみがえり、病気になりにくくなったり、荒れた肌がツヤツヤになったりします。新陳代謝も活性化されるので、痩せやすくなるという効果もあるんです。

最近では、美腸菌が元気になって腸内環境が良くなると、〝幸せホルモン〟ともいわれる「セロトニン」の分泌が盛んになることがわかっています。

セロトニンは心を安定させポジティブにしてくれる脳内物質で、不安感やイライラを抑える働きもあります。怒りっぽくなったり、やる気がなくなったりして、メンタルが不安定になったときは、美腸菌が減っているサインかもしれません。

では、私が「会食が続いて食べすぎた」「身体が重い」「肌が過敏になって赤みが出てしまった」「頭皮に炎症が起きた」「集中力が欠けてきた」と感じたときに行っている、実際のプチファスティング法を見ていきましょう。

【3日間のプチファスティング】

1日目（金曜日）　準備期

㊀朝 白湯　㊀昼 軽い和食　㊀夜 乳酸菌生産物質酵素

★過ごし方：いきなり断食をすると、身体がビックリしてしまうので、1日目は昼に軽い和食（焼き魚やお豆腐など）を摂り、身体を慣らしましょう。

2日目（土曜日）　断食期

朝 昼 夜 乳酸菌生産物質酵素

★過ごし方：固形物を食べない断食期は、予定を入れずにゆったりした気分で過ごすと、空腹が気になりません。デトックス効果を高めるためお水をたっぷり摂って。

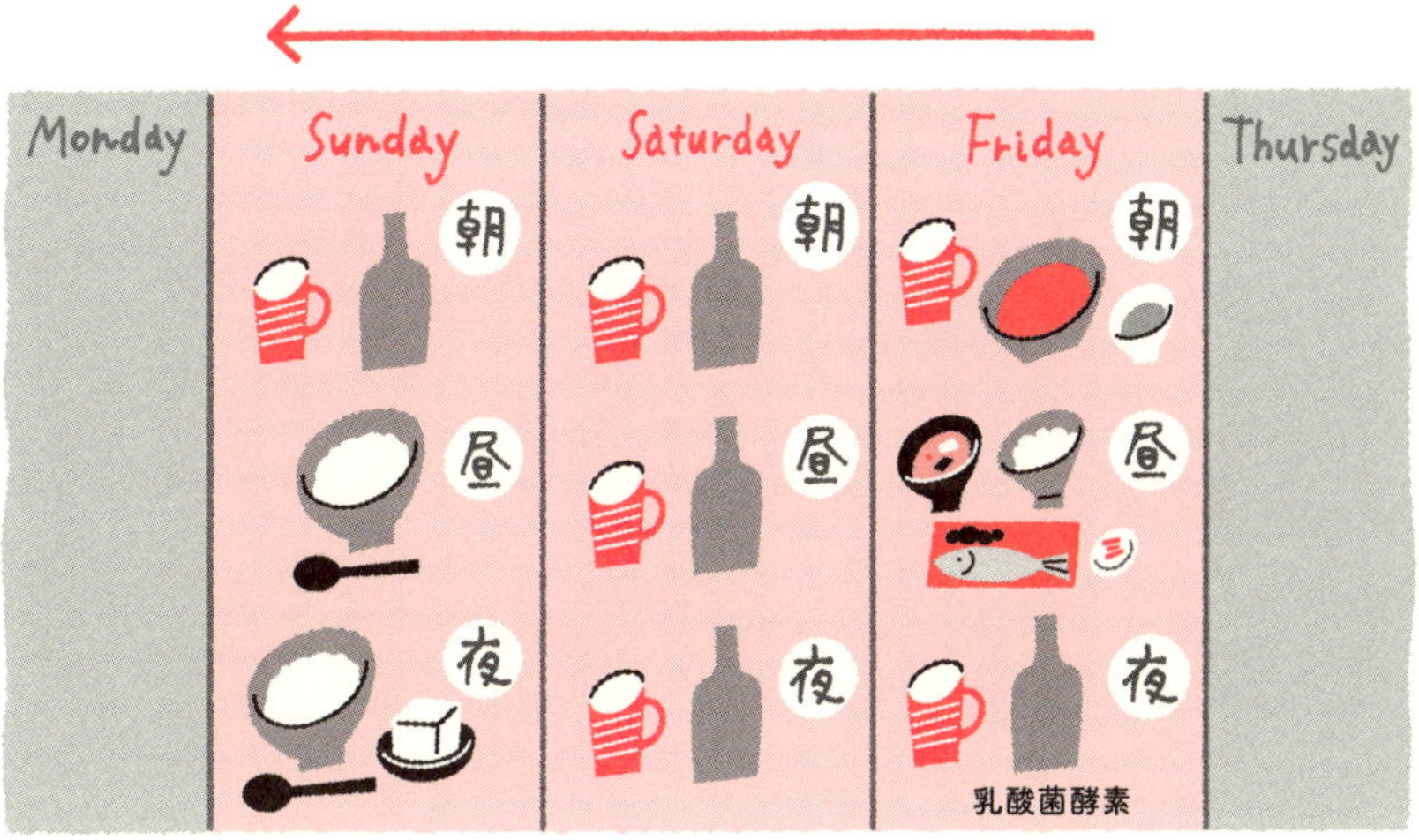
Monday
Sunday
朝
昼
夜
Saturday
朝
昼
夜
Friday
朝
昼
夜
乳酸菌酵素
Thursday

3日目（日曜日）　回復期

㊰白湯＋乳酸菌生産物質酵素　㊏重湯（おかゆのうわずみ＋塩）

㊵乳酸菌生産物質酵素＋重湯や豆腐

★過ごし方：おかゆをパクパク食べたいところですが、ここはうわずみだけでグッと我慢して。4日目以降は、お粥やお豆腐など胃腸にやさしい食事から始めて、徐々に普通食にもどしましょう。

プチファスティング成功の3大ポイント

せっかくプチファスティングを実践するなら、きちんと腸内環境の改善に確実に効く方法で行いたいもの。次の3つが成功のポイントなので、参考にしてくださいね。

ポイント1 必ず乳酸菌生産物質酵素を一緒に摂る

ここでいう酵素とは、野菜や果物などの栄養素を濃縮したドリンクやサプリメントのこと。消化吸収を助ける食物酵素の力でデトックスを促すほか、身体にとって最低限必要な糖質と栄養を補給する、という大切な役割があります。

断食中、完全に糖質を抜いてしまうと、脳に必要なエネルギーが不足して昏倒してしまう危険性もあるので、必ず酵素を一緒に摂るようにしましょう。

ドリンクやペーストを選ぶときは、添加物の入ったものは避け、ドリンクの場合は100％原液のものを選んでください。

乳酸菌生産物質配合の酵素なら、腸内環境を整える効果がより高まります。

ポイント2 こまめに水分補給をする

普段、私たちが摂る食事には、汁ものを除いても1リットル近い水分が含まれているといわれています。その分も含め、1日2～3リットルの水分を摂るよう意識しましょう。毒素排出を促すためにも、たっぷりの水分補給が必要です。

コーヒーやお茶などのカフェインは内臓の負担になるので、プチファスティング中は避けましょう。

ポイント3
3日間の中でもっとも大切なのは「回復期」

回復期をおろそかにすると、せっかくキレイに整った腸内環境が、再び悪玉菌優位に戻ってしまいます。生まれたての赤ちゃんが、いきなりトンカツを食べたら大変なことになりますよね？　プチファスティング後の腸は、赤ちゃんの腸のようにキレイな状態と考えてください。「断食が終わった！」と浮かれていきなり焼き肉や揚げ物を食べるような暴挙はやめて、くれぐれもゆっくりゆっくり重湯で胃腸を動かしていきましょう。

できれば、4日目、5日目も回復食を続けると、腸内環境が再び悪化してしまうリバウンドが防げます。

4日目 回復期

㊊ 白湯＋乳酸菌生産物質酵素　(昼) 七分がゆ　(夜) 乳酸菌生産物質酵素

5日目 回復期

㊊ 白湯＋乳酸菌生産物質酵素　(昼) おかゆ

(夜) 豆腐や鶏ささみなどのタンパク質

免疫力を高めたら、重症の結核が2カ月で治った！

こうして美腸菌を育菌していくと、人生が激変します。私自身もそうですし、腸内美容を取り入れた全国200店舗のサロン経営者やスタッフたちもそうです。

あるサロン経営者の女性は、41歳のときに結核に感染し、半年の隔離生活を告げられました。

結核にかかった当時の彼女の生活を聞いてみると、経営に追われて睡眠も食事もままならない日々。その不健康な生活は、がんになった当時の私そのものでした。

そのうちに彼女は身体に異変を覚えます。寝ても疲れが取れず、どうしようもなくしんどさを感じたのです。ところが病院に行っても「過度の疲労」「更年期障害の前兆」といわれるばかり。ついに倒れてしまったそのときに、ようやく「重症の結核」

だということが判明します。

担当の保健師さんによれば、お店のお客様、子どもの保育園など、彼女と会った人全員、総勢400人もが検査対象になるとのこと。お店でも保育園でも大騒動になったのに加え、当時5歳で彼女と一緒に寝ていた三男にも感染させていたのです。

その三男クンは、保健師さんに「おかあさん死んじゃうの？　僕も死ぬの？」と聞いたといいます。家族ではなく、保健師さんにその言葉を投げかけたことが三男クンの苦悩を表していると思い、彼女は自分を責めました。なぜ結核になってしまったのか……。身体より心が辛い毎日でした。

しかし、そんな泣き言は言っていられない。一刻も早く元気になって帰らなくては。そう思い立った彼女は、療養に専念します。

看護師さんから指導を受けたのは、薬を飲んで身体を休め、食事、睡眠、入浴で免疫を上げていくことでした。

このとき彼女は、数カ月前に私と長崎で会ったことを思い出します。そう、私は腸を改善してがんを克服したという話を彼女にしていたのです。

ゆっくりと湯船につかり、睡眠をたっぷりとる。そして、朝日とともに起きて、白湯を飲んで身体と腸を温め、乳酸菌生産物質を飲む。こうした育菌生活を1カ月ほど続けました。

すると、奇跡が起こったのです。半年間隔離されるはずだったところ、1カ月で結核菌がほぼ消滅。2カ月で元の肺の状態に戻り、退院できることになりました。ドクターは「神がかっている。不思議でたまらない」と、ずっとおっしゃっていたそうです。

「自分の身体は自分で守れる。自分の力で守ることができる」

免疫の大切さを実感した彼女は、それ以来8年間、美腸菌生活を続けています。風邪もほとんどひかず、インフルエンザにも一度もかかっていないそうです。

あきらめていた妊娠が美腸菌生活で現実に！

また、腸内美容・育菌ケアを自らが経営するお店に導入したサロン経営者は、「お客様におススメするなら自分たちでも体験してみなければ」と、美腸菌を育てるあれこれを3人のスタッフたちと実践してみたといいます。便秘の改善や寝起きが良くなったなどの効果は〝想定内〟だったそうですが、〝想定外〟の効果が3人全員に現れたといいます。

1人目は、美容業界歴が長く、美人で接客も丁寧なスタッフ。エステティシャンに向いている子なのですが、自信がなくいつも不安げで、笑顔が苦手でした。しかし、美腸菌を育てる生活を始めてから、みるみる笑顔が増えていったのです。本人いわく「気持ちが前向きになってきました」とのこと。お客様からも「変わったよね」「明るくなった」「アカ抜けたね」と、お褒めの言葉をいただけるまでになったそうです。

「まさかスタッフのメンタルにまで効果があるなんて」と、意外な美腸菌生活の効果に、彼女は驚いていました。

2人目は、高い技術力を持ちながら、体力がなく、疲れやすい体質のスタッフ。以前は、すぐ風邪をひいて休んでいたのに、美腸菌を育てるようになってから、体調不良でサロンをお休みすることがなくなりました。明らかに疲れにくくなり、予約が立て込んでも笑顔で対応できるようになったそうです。

3人目は、ずっと子どもが欲しかったスタッフ。20代の頃から冷えに悩まされ、ずっと妊活をしていたものの、なかなか授かることができなかったといいます。それが、乳酸菌生産物質を飲み、規則正しい生活を心がけ、食生活を見直し、お腹を温めること約9カ月。なんと、赤ちゃんを授かることができたのです！

腸内環境を整えたことで「あきらめていた赤ちゃんを授かることができた」「ずっとできなかったのに妊娠できた」という声は本当に多いのですが、39歳で妊娠、40

歳での高齢出産を経て3カ月で仕事復帰し、今も元気に美容の仕事を続けている女性もいます。

もともと彼女は、腸内美容の導入を検討しているエステサロンのスタッフとして、腸内美容の勉強会に参加していました。腸の大切さについては何となく知ってはいたものの、そこまで深く勉強したことはなく、「日和見菌が一番多いなんて！」と、とても驚いたそうです。

慢性のアレルギー性鼻炎や原因不明の顔の赤いブツブツ、生理痛、冷え、むくみに悩まされていたのも、「自分で自分の菌をいじめていたせいだったんだ」と勉強して初めて知ったといいます。

「ずっと若く、健康で元気な身体でいたいと思っていたのに、このままではどんどん身体がボロボロの状態になってしまう」と気がついて、すぐ内側と外側から育菌生活をスタートさせました。

すると、ブツブツの赤みがわずか1週間で引きはじめ、1カ月もすると跡形もなく消えてしまいました。腸内環境を整えることで、肌の凸凹もキレイに再生したのには本当に驚かされたそうです。

生理痛もすぐラクになり、一番ひどかったアレルギー性鼻炎は、3カ月もすると薬を月に1回飲む程度にまで改善したのです。

ところが、私は彼女の表情がすぐれないことに気がつきました。当時、彼女はマネージャー職に就いており、年齢は38歳。年齢的にも子どもか仕事かで悩む年頃だったこともあり、「これからどうしていきたいの？　子どもは考えていないの？」と聞くと、彼女は涙を流しながら「美容の仕事も今育てているスタッフも大事だし、このままマネージャー職を続けていては年齢的にも無理です。子宮筋腫があるのでできないと思います」というのです。

しかし、子宮筋腫でも授かっている人はたくさんいるので、あきらめてしまうのは早計ですし、子どもを産むと人を育てるということの尊さが体感できますから、スタッフ育成にも絶対に好影響があるのです。

それを伝えると、彼女は「私はスタッフたちに伝え方を間違えていました。大事なのは利他の心、周囲のせいにしないで自分で決めることなんですね」と、すぐ検査に行き、子宮筋腫はあるものの妊娠は可能だということがわかったのです。

それから、ご主人とともに白湯を飲む、湯船につかる、腹巻をする、といった腸と子宮を温める育菌生活を続けること6カ月。ついに、妊娠することができました。

切迫流産で入院したものの、最後は分娩室で余裕で話ができるくらいの安産でした。３７００グラムの大きな赤ちゃんだったにもかかわらず、普通分娩で「無事に生まれてきたのはすごいこと」と産科のドクターも感心していたそうです。

高齢出産は産後がしんどいといわれますが、彼女の場合は3カ月で仕事復帰し、今も「40歳で出産したとは思えない！　何でそんなに元気なんですか？」と聞かれるといいます。最後に彼女は、こんな言葉を私に贈ってくれました。

「腸内美容、そして藤井社長に出会っていなかったら、子どもにも会えていなかったと思います。多くの方に、『あきらめなくていい』『〝誰か〟のではなく、〝自分〟

の菌を自分で育てることで健康になれる』ということを伝えていきたいです」

美腸菌を育てて腸内環境を整えることは、免疫力アップや美容、メンタルなどに幅広く効果がある。それは疑いようもない事実です。みなさんも、さっそく今日から美腸菌生活を始めてみませんか？

chapter 04

「美肌菌」を育てて肌も人生も艶っぽく♥

間違った生活習慣やお手入れで、美肌菌をいじめていませんか？

腸に棲む美腸菌を大切に育てていくと、肌はもちろん、身体や心にたくさんいい効果が現れることが3章でおわかりいただけたと思います。

でも、さらにもっともっと肌を若々しくキレイにする方法があります。それが、**皮膚に棲む常在菌＝美肌菌を喜ばせて増やしていく「美肌菌生活」を送る**ことなんです。

美肌菌とは、皮膚の善玉菌である表皮ブドウ球菌のこと。表皮ブドウ球菌が代謝して生まれる生産物質が保湿成分として働き、悪玉菌が育ちにくい弱酸性に肌を保ってバリア機能を高めてくれるのは、すでにお話ししたとおりです。

じつは、「たくさんの美肌菌が元気に働いている肌」は、ひと目で見分けられます。それは「ツヤ」。**肌のツヤは、美肌菌にしか生み出せない**ものなんです。

美肌菌が皮脂や汗を食べて作りだす生産物質＝グリセリンは、化粧品に保湿成分として配合されており、肌に弱酸性の保護膜を作り、悪玉菌やさまざまな刺激から肌を守ってくれます。すると、うるおいのもとであるセラミドやＮＭＦ（天然保湿因子）が作られやすい環境となり、ますます肌がうるおう、という好循環が生まれるのです。

美肌菌が活発になると、肌がモチモチしっとりしてきてくすみが消え、目尻のシワやほうれい線、目の下の黒ずみ、シミ、たるみなども目立たなくなっていきます。

美肌菌の名付け親でもある皮膚科ドクターの出来《でき》尾《お》格《いたる》先生も**「何百万円もする美容液も、美肌菌が作り出すツヤにはかなわない」とおっしゃいます。**

時代は、外側から「つける」ケアから、内側から「作り出す」ケアへと進化しているんですね。

ただ残念なことに、美肌菌は年齢を重ねるとともに減少していきますし、私たちが良かれと思ってやっているお手入れや生活習慣が、美肌菌に大きなダメージを与えていることもあるんです。

そこでこの章では、特に〝美肌作り〟にフォーカスして、トラブルの多い肌を強くし、乾燥やシミ、シワ、たるみなどを改善してくれる美肌菌を、大切に守り育てていくための「美肌菌生活」のコツを紹介していきます。

トラブル肌の改善のために編み出した「美肌菌生活」

これから紹介する食事法や生活習慣などは、私自身が4年前から実践し続け、大きな効果が得られたものばかりです。この美肌菌生活を始めるきっかけは、何十年も使っていてまったく問題のなかったヘアカラーで突然頭皮がかぶれ、脂漏性皮膚炎になってしまったことでした。

脂漏性皮膚炎については5章で詳しくお話ししますが、これも悪玉菌のしわざです。この湿疹による炎症が顔全体に広がってしまい、パンパンに腫れた顔からは血や膿が吹き出し、生活するのがやっとという状態。悪玉菌が増殖したために肌を守ってくれる皮脂膜が失われ、ピューッと吹いてくる風に当たっただけで肌にかゆみや痛みを感じていました。

仕事柄、そんな状態でもエステティシャンが技術力を競う大会で挨拶をしたり、腸内美容の講師としてセミナーを開いたりしなければなりません。そのストレスから状態は日に日に悪化し、肌と心がいかにつながっているかを改めて痛感したのです。

ここまでひどくなってしまうと、外に出ること自体が恐怖となり、生きることさえも辛くなりました。しかし、美腸菌と美肌菌を長年、学んで実践してきた中で、「治らない肌はない」という確信があり、この経験を重大な肌トラブルに悩むみなさんに役立てていただければと、人体実験に臨むつもりで食事から生活習慣、肌のケアまでをすべて美肌菌生活に切り替えました。

そのおかげで、半年ほどすると肌に皮脂膜が張ってハリツヤが戻り、1年後には「前より肌がキレイになった」と言われるまでになりました。

その後、サロンのお客様やスタッフたちにこの美肌菌生活をレクチャーしたのです。すると、重大な肌トラブルで悩む人はもちろん、エイジングや乾燥肌に悩んでいた人たちからも「ほうれい線が薄くなって肌のくすみも取れ、透明感が出てきました」「何をしても解決しなかった乾燥肌が、今はべっとりクリームを塗らなくても、自らうるおう肌になりました」という声が寄せられるようになりました。

みなさんもこの美肌菌生活で、高級クリームいらずの美肌を実現してみてくださいね。

美肌菌生活①
身体のリズムに合わせた「美肌菌食」に変える

腸と肌はつながっているため、肌の問題を解決したいなら、まず食事を見直すのがもっとも効果的です。

何を食べるかはもちろんですが、じつは身体のリズムに合わせた食事の摂り方をするのが、美肌菌を育てるにはとても重要なんです。

私たちの身体は、次のようなリズムで動いています。

朝4時～昼12時「デトックスタイム」
昼12時～夜8時「燃焼タイム」
夜8時～朝4時「再生タイム」

午前中は身体が老廃物などを排泄するデトックスの時間。この時間帯に食べ物を身体に入れると、排泄の妨げになってしまうんです。

その代わり、食べたものを消化吸収して燃やしてくれる昼は、ガッツリ食べてもいい時間帯。

夜は肌や髪、内臓のダメージを修復・再生する時間帯。そのため、食事をガッツリ摂りすぎると、再生に使うべきエネルギーが消化吸収に取られてしまいます。その結果、エイジングの進行を

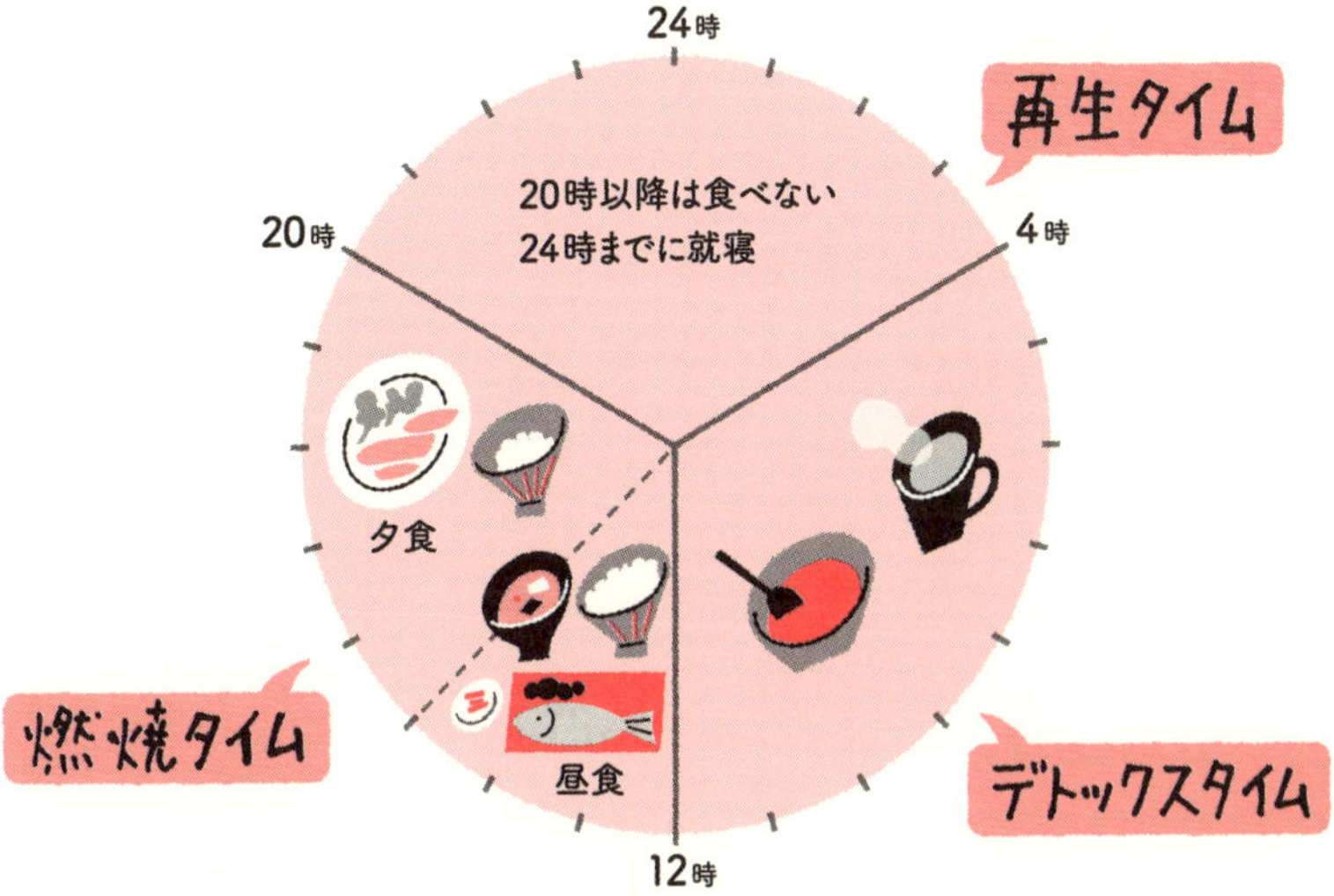

加速させることになるのです。よって、夕食は「軽め」が正解です。

こうした身体のリズムに合わせて、私が実践していた食事メニューはこんな感じです。

朝 4時〜12時はデトックスタイム：白湯もしくは具なしみそ汁

昼 12時〜14時：野菜たっぷりの和食中心、炭水化物（ご飯・麺）も摂る

夜 20時までに済ませる：ご飯は半分または抜き、高タンパク食（鶏ササミ・赤身肉・納豆・豆腐・白身魚）　就寝 24時までに寝る

朝は、固形物は口にせず、白湯やスープの液体で身体を温め、排泄を促します。

昼は、好きなものを食べてＯＫ。おススメは和食。燃焼が早く美肌菌が好みます。

夜は、炭水化物を控えめに。タンパク質で空腹を満たして再生を促します。

炭水化物は糖＋食物繊維からできているため、本来は美肌菌の大好物。ですが、糖質の摂りすぎによる「糖化」が身体や肌の炎症、老化を引き起こしてしまうため、肌トラブルやアンチエイジングのためには摂りすぎは禁物です。そのため、野菜や豆、みそ汁などが摂れる和食から、美肌菌の好む食物繊維や発酵食品を補給するのがベストなのです。

そもそも糖化は、どんなしくみで起こるのでしょうか。ご飯やパンなどの炭水化物に含まれる糖質は、食べると血液中でブトウ糖に変わります。このブドウ糖が身体の各組織を作るタンパク質とともに体温によって温められることで結合すると、肌が黄色くくすんでしまうばかりか、ＡＧＥという糖化最終生成物を作って身体に炎症を起こさせたり、コラーゲンを硬く変質させて肌の弾力やハリを失わせたりするのです。

私のように肌の炎症がひどい場合や、エイジングが気になる場合には、糖質を控えめにすることで赤みやかゆみが改善したり、肌のハリツヤをよみがえらせたりすることにつながります。

恐ろしいことに、糖化は一度起こると元に戻りません。そのため、一刻も早く糖化対策をする必要があるのです。ちなみにＡＧＥは飲酒や喫煙、脂質の摂りすぎなどによっても作られることがわかっています。また、紫外線を浴びすぎても酸化が促されてしまうので、ご注意を！

糖化を防ぐコツは、糖質を抑えた食生活を送ること、食後の血糖値を急上昇させないこと。それが、高タンパク・低糖質の食事です。タンパク質は悪玉菌のエサになる脂肪分の多い肉をなるべく避け、魚や鶏ささみ、赤身肉、豆腐などをチョイスしましょう。

一方で、炭水化物を完全に抜いてしまうと脳にエネルギーがいかなくなってしまうので、燃焼タイムの昼食で適度に糖質を摂ることも忘れないでくださいね。

「美肌菌食」を半年続けると、肌はこう変化する

食生活を見直して半年が経つ頃には、肌の赤みがひいて炎症が治まり、美肌菌が皮脂膜を作ってくれるようになりました。朝起きると、肌にピンとハリがあり、美肌菌がしっかり働いてくれていることを実感できます。皮脂膜というバリアができたので、化粧水がしみたり、ほこりなどが多い環境に身を置いてもかゆみが出たりすることはなくなりました。当時、周りの人たちから「肌が白くなった」「透明感が増しましたね。どんなお手入れをしたんですか?」と聞かれるようになりました。糖化対策で肌のくすみがストップしたんですね。

また、身体のリズムに合わせた食生活に変えたことで、週に3回出ればマシだったひどい便秘症も改善。朝はトイレに行きたくて目が覚める、というリズムになり

ました。夕食を軽くしたことで再生にエネルギーを集中させることができるため、目覚めると身体がすっきり軽く、スパッと起きられるようになったのも大きな変化です。以前は身体が重くて寝起きが悪かったのが嘘のよう。食後の血糖値が安定したことで思考もクリアになって、集中力が続くようになりました。

「ご飯を減らす生活は辛くないですか？」とよく聞かれますが、高タンパク・低糖質食を続けていると、糖を欲しない体質になるので、不思議とそれほど食べたくなくなるんです。

それには、こんな人間の身体のしくみが関係しています。

人間が活動するためには、真っ先に「糖質」が燃焼して生まれる糖エネルギーが使われます。

低糖質食で糖質が少ない状態にしておくと、糖質の代わりに「脂肪」が燃えることで生まれるケトン体エネルギーが使われるようになるのです。脂肪が燃えれば、ダイエットや体型維持にも効果的ですし、糖を多く摂らなくてもきちんと脳や身体にエネルギーがいくので、糖化による炎症や老化を気にせずに済むようになります。

このときポイントになるのが、「タンパク質」です。低糖質食によって体内に糖が入ってこないとき、私たちの身体には自力で糖エネルギーを生み出す「糖新生」というしくみが備わっています。この糖新生には筋肉のタンパク質が使われるので、低糖質食を実践するならタンパク質を多めに摂る必要があるのです。

身体のリズムに合わせて高タンパク・低糖質の美肌菌食を続けていると、糖の代わりに脂肪を効率よく燃やせる「ケトン体質」へと変わり、食の好みも〝炭水化物重視〟から〝高タンパク・低脂肪重視〟へと変わっていくのです。実際私自身も今は「焼き肉食べたい」より、「お豆腐食べたい」と感じるようになりました。

プチファスティングをプラスすると、さらに美肌に！

美肌菌食を始めて半年後には肌状態はだいぶ改善されていましたが、仕事柄、会食が多いのが悩みのタネでした。

夕食で炭水化物を抜いてもお酒や揚げ物を口にすることがあり、どうしても腸に毒素が溜まりやすいのです。

すると、ときどき揺り戻しが起き、再び肌に赤みが出たり、身体が重くなったりすることがありました。

そこで、美肌菌食を始めて半年後からは、3章で紹介したプチファスティングを1週間置きに月に2回行ったところ、大きな揺り戻しのない強い美肌へと作り変えることができたのです。

現在も会食が続いたときは、週末のファスティングで毒抜きを続けています。

外食が多くて肌トラブルを繰り返す、という人は、美肌菌食にプチファスティングを加えてみてくださいね。

美肌菌生活② 美肌作りには「洗顔が命」

美肌菌にダメージを与える間違ったお手入れでもっとも多いのが、「洗顔のしすぎ」です。

エステティシャンとしてお客様に「美肌作りには洗顔が命」と何万回も繰り返しお話ししてきましたが、これは「たくさん洗わなくてはいけない」という意味ではありません。

クレンジング剤や洗顔料を使うのは、1日1回だけでいいのです。

メイクや皮脂、汚れが肌に残っていると、毛穴が詰まって吹き出物やくすみの原因になります。そのため、夜はクレンジングや洗顔料でしっかり洗顔してOK。

その代わり、朝はぬるま湯オンリーで洗顔してください。

その理由は、**洗顔料を使って洗ったあとの肌は、99%の美肌菌が流されてしまうから。**さらには、美肌菌がいなくなることで肌が中性・アルカリ性に傾き、美肌菌が復活しにくい肌になってしまうんです。

もちろん時間がたてば再び美肌菌が増え、肌も弱酸性に戻るのですが、元通りになるまでに6時間〜12時間（！）かかるという実験データもあるほどです。そう考えると、朝7時に洗顔したら、そこから夜の7時まで、美肌菌が作るバリアなしの無防備な肌で過ごさなければなりません。そして、ようやく美肌菌が復活しかけた頃に、また入浴タイムがきて美肌菌が流されてしまうん

です。これでは、肌がキレイになるわけがありませんね。

しかも、夜のあいだに美肌菌がせっせと乳酸菌生産物質を作って、肌をうるおわせてくれているのに、それを朝、洗顔料で洗い流してしまうのは、まさに何万円もする高級クリームをドブに捨てているようなもの。だから、朝はぬるま湯洗顔だけでいいんです。洗顔時のポイントを次に挙げるので、ぜひ毎日の洗顔に取り入れてみてください。

朝洗顔のポイント

・**ぬるま湯＝人肌（36℃）より低い温度で洗う**

皮脂が溶けるのが、人肌より低い34～35℃程度といわれています。これより高すぎると皮脂が落ちすぎて乾燥のもとになります。

・〝泡洗顔〟〝ひたひたすすぎ〟でやさしく

洗顔はゴシゴシこすらず、たっぷりの泡でやさしくマッサージする感じで行いましょう。すすぎのときは、両手の平にお湯をため、そこに顔をひたして洗う〝ひたひたすすぎ〟を。肌をこすってしまうと美肌菌が増殖しにくい肌になります。

・タオルでゴシゴシ拭かない

タオルでゴシゴシ拭くと、角質を傷つけるため、タオルを顔にふわっと当てて水分を吸い取らせるだけに。

夜洗顔のポイント

・クレンジング剤、洗顔料は洗浄力が強すぎないものを選ぶ

最近は、皮脂を取りすぎないクレンジング剤や洗顔料が主流になっていますので、それほどアイテム選びに神経質にならなくてもいいでしょう。

洗顔料については、余計な成分があれこれ入っているものより、昔ながらのシンプルな固形石けんが育菌には適しています。

ファンデーションの中には、クレンジング剤を使わず普通の洗顔料で落とせるタイプも登場しているので、そういったアイテムを選び、ポイントメイクにだけクレンジング剤を使う、といった選択肢もあります。

・シャワーで洗顔しない

身体を洗ったついでに顔も……という流れが習慣化している人は、今日からさっそく改めて。シャワーの温度は40℃前後に設定されていることがほとんど

なので、シャワー洗顔では皮脂が取れすぎてしまいます。朝と同じぬるま湯で洗いましょう。

また、シャワーの水圧で肌に負担がかかります、やはり朝と同じく〝ひたひたすすぎ〟がベストです。

・入浴時に身体を洗うときも考え方は洗顔と同じ

腕や脚が乾燥し粉をふいたり、全身にしっとり感がなくなっていると感じたら、ボディソープとナイロンタオルを使うのをやめるのがおススメです。

私は固形石けんを泡立てて、手の平で全身を洗います。

ボディクリームを使わないでいいくらい、しっとり肌になります。

美肌菌生活③ 美肌菌をこすり取らないよう、化粧水はやさしくハンドプレス

化粧水をつけるときも、ゴシゴシ肌をこすらないことが大切です。美肌菌は摩擦に弱く、こすると育ちにくいのです。

肌表面の角質層は、うろこ状の角質細胞が10層ほど重なり合ってできています。前にも触れましたが、美肌菌がいるのは上から6層ほどのところまで。美肌菌が元気に活動するには水分が必要なので、やさしくハンドプレスして水分補給をしてあげましょう。

美肌菌生活④
育菌化粧品は効果のあるものを選ぶ

普通の化粧水でも、つけ方に気をつけることで育菌効果は得られますが、より効果アップを狙うなら、育菌化粧品を使ってみるのもおススメです。

最近では、「育菌コスメ」「美肌菌コスメ」「善玉菌を元気にする化粧水」といったキャッチコピーがついた化粧品が増えてきました。ちょっとした育菌ブームですね。

ところが、それらの育菌化粧品を見てみると、美容成分が高配合されているもの、肌にやさしい低刺激性のもの、美肌菌のエサとなるオリゴ糖などが配合されているもの、大豆など植物性由来の乳酸菌生産物質が配合されているものなど、じつにさまざまです。

本当に「育菌」に効果のある育菌化粧品は、「ヒト由来の乳酸菌生産物質が配合されているもの」です。

美容成分高配合のものや低刺激性のものも、美肌菌が育ちやすい肌を作るという点では歓迎すべき化粧品ですが、直接的に美肌菌を育ててくれるわけではありません。

では、植物性由来の乳酸菌生産物質はどうでしょうか。「ヒトにはヒトの乳酸菌」という整腸剤のＣＭをご存じですか？　育菌化粧品の考え方も、これと同じ。ヒトはヒトの菌、動物は動物の菌で増えていくものなので、ヒト由来のものがベストなのです。

そのため、育菌化粧品を選ぶときは、「ヒト由来の乳酸菌生産物質」が配合されているかどうかをチェックしましょう。この育菌化粧品をつけ、毎日コットンパックをすれば、みるみるハリツヤがアップします。

美肌菌生活⑤ 入浴中はマッサージで血流アップ

美肌菌を増やしたいなら、湯船につかりながら血流が滞りやすい髪の生え際や眉の上、目の下、耳などをやさしくマッサージ。血流をアップさせて美肌菌が棲みやすい肌を作ってあげましょう。肌のくすみや目の下のクマなどもキレイになりますよ。

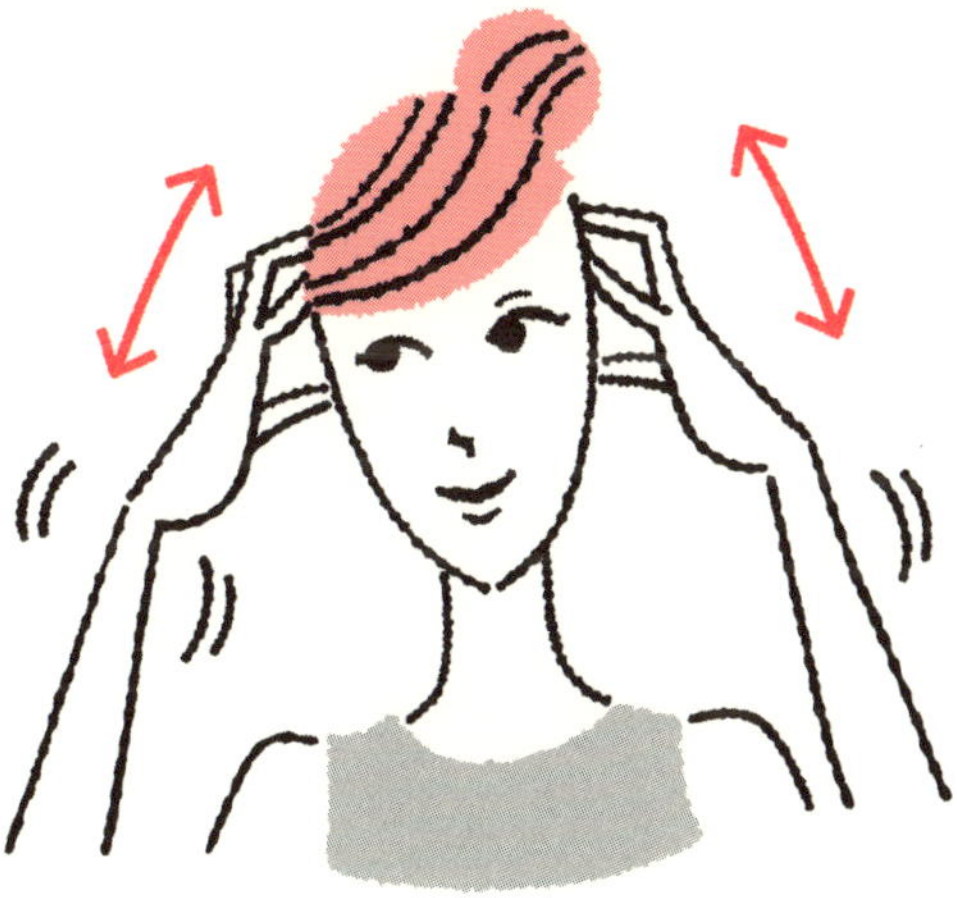

美肌菌生活⑥
就寝前のストレッチで美肌になる♥

汗は美肌菌のエサになるので、運動も育菌に大きな効果があります。ただし、育菌になるのは、ウォーキングやヨガ、ストレッチなどの有酸素運動で分泌されるサラサラの汗限定。サラサラの汗は、美肌菌のエサになるだけでなく、肌に自然なうるおいを与えてくれる天然の美容液にもなるのです。

同じ汗でも、長時間走るマラソンや筋トレなど、強めの運動や緊張でかくベタベタの汗は、アレルギーを起こす物質や塩分などが含まれており、かゆみや炎症を引き起こして悪玉菌の温床になることも!

私が実践しているのは、就寝前のストレッチ。夜、寝ている間に美肌菌に「汗」というエサを与え、元気に活動してもらうためにも、寝る前に軽く汗ばむくらいストレッチを行います。入浴後に行うと、身体が温まっているので、すぐ汗ばみますよ。これで、朝の肌のハリがまったく違ってくるのでぜひお試しを。

肌がキレイなほうが人生はうまくいく！

皮膚科のドクターに話を聞くと、毎日肌悩みを抱える患者さんに接する中で、**「ニキビひとつでも、あるのとないのとでは人の気持ちや行動に大きな影響を及ぼす」**と実感しているそうです。

肌の調子が良ければそれだけで一日機嫌よく自信を持って過ごすことができますが、乾燥でカサついていたり、くすみが目立ったりしていると化粧のノリも悪く、何となく人に見られたくなくておしゃべりするのを避けてしまったり、下を向いてやり過ごしてしまったりするものです。

エステ業界で多くの女性が美しく変身してきた姿を見てきた経験から得たものは、やはり**「肌はキレイに越したことはない」「外見がいいほうが断然トクをする」**という真実です。

それまでぽっちゃり体型で顔は吹き出物だらけ、表情も暗かったお客様が、すっきりスリムになってつるりとしたたまご肌に生まれ変わったとたん、生まれて初めて彼氏ができ、仕事の面接でも連戦連勝というウソのような本当の出来事を数多く目にしてきました。

いつも猫背で自信がなさそうだったお客様が、美腸菌&美肌菌ケアで便秘が改善し、くすんだ肌が透明感を増してシミやシワが目立たなくなってくると、サロンに来店されたときのオーラが輝いて見えるようになり、いつの間にか背筋もシャンと伸びていたりします。

こうした変化は、「見た目が人の目を引くようになった」という以上に、「自分に自信を持って行動できるようになった」ということが大きいと私は感じます。

美腸菌や美肌菌を育てれば、肌が美しくなって必ずや人生が楽しく喜びの多いものへと変わっていきますよ！

育菌生活で、それを体験してみてください。

育菌でアトピーが治り、人生が変わった！

美腸菌と美肌菌を育てることで重度のアトピー性皮膚炎が改善し、「自分のように悩みを抱える人たちに育菌の大切さを伝えたい」と、私のサロンに転職した女性もいます。彼女が感動的な手記を寄せてくれましたので、ここで紹介したいと思います。彼女は現在39歳ですが、24歳で腸内美容と出合い、15年間育菌生活を続けています。

私には、健康・美しい肌・気持ちの安定のために、腸内美容や肌の育菌ケアの大切さを伝えていく、という役目があります。

なぜなら、「一生付き合っていく」と覚悟をしていたアトピー性皮膚炎という長年のコンプレックスが、腸や皮膚の善玉菌が育ったことで完全に解消されたからです。

だからこそ、自分の外見や体質、考え方は変わらないとあきらめている人に「人は変わる」と伝えていきたいのです。

それは私自身が重度のアトピー性皮膚炎、アレルギー性鼻炎、低体温、下痢、便秘、生理痛など、ありとあらゆる不調をすべて改善することができたからこそ、いえることです。

育菌生活を15年間実践し続けて39歳になった今、私と共生している腸内細菌や皮膚常在細菌のバランスはとても安定していて、多少のことでブレることはありません。一年を通してアレルゲンに反応しなくなり、湿疹や鼻炎が出ることもなくなりました。

幼少の頃から、腸内美容に出合う24歳までは、今のような自分を想像することは不可能でした。

1歳から始まったアトピー性皮膚炎は、紫外線治療をしても、強い薬を塗っても、かゆみ止めを服用しても、まったく改善が見られませんでした。その一番の原因は、就寝中に掻いてしまうこと。小学生の頃は、毎朝両手の指先に血がこびりつき、お腹には血と膿でバリバリに固まったパンツが張りついていました。

朝の日課は、その張り付いたパンツを剥がすこと。剥がす痛みよりも、掻いてしまった後悔や傷の汚さへの落胆のほうが大きかったのです。

小学校中学年くらいからは、手をタオルで縛って寝ていました。親兄弟には恥ずかしくて頼むことができず、自分で縛っていたことから外れてしまう日が多かったのですが、掻かずに朝を迎えられる日もあり、嬉しかったのを覚えています。

日中も掻いていたので、子どもながらに「痒み」と「痛み」はまったく異なる苦痛であることを感じていました。痒みを感じているときは頭がぐちゃぐちゃになり、何も考えられません。掻きすぎて出血し、痒みが痛みに変わったとき、やっと掻くことを止められるのです。

そして掻いたことを激しく後悔します。この繰り返し。そして、自分が傷だらけの身体であることは、一生絶対に誰にも知られてはいけない、見せてはいけないと、小学生の頃から強く心に決めていました。

私の身体を見た人は、どれだけ嫌な気持ちになるだろう。絶対に人に肌をさらしてはいけないし、絶対に結婚もしない。身体の傷は一生隠し通すしかないと思っていました。


高校生になる頃には身体を掻くことはほとんどなくなり、傷痕だけが残りました。ところが高校卒業直前、紫外線でアレルギーが出始めたのです。それまで唯一、湿疹を免れていた顔が一気にかさぶただらけになってしまいました。それまでも身体のアトピーはかなりのコンプレックスでしたが、かろうじて洋服を着て隠すことができました。でも、顔は隠すことができません。人と積極的に話すこと、人の目を見て話すことが一切できなくなってしまいました。

自分の肌を見られたくないがために、人の肌を見ないようにしていたため、「私の肌は誰よりも汚くて、私以外の人はみんなキレイ」という思い込みもかなり強くなりました。

その後、紫外線対策を行って肌の状態は落ち着きつつありましたが、社会人になって基礎化粧品を使うようになると、再び顔に湿疹が出始めました。季節の変わり目に湿疹が出るたびに、基礎化粧品を変えていたのです。相当な量の強い薬を身体に使ってきた分、顔に塗り薬を使うのにはためらいがあり、最小限に留めていました。


その頃、私はリラクゼーションサロンに勤務していました。職場の先輩からエステを紹介してもらい、基礎化粧品をガラリと変えたところ、途端に肌が安定し、湿疹が出なくなったのです。

仕事柄、お客様に健康アドバイスを行っていたこともあり、自分自身も水分を多く摂り、冷たいものは極力減らし、食事にも気をつけていたのが功を奏したのかもしれません。

さらに、そのエステで腸内美容インストラクターのカウンセリングを受けた際、自分の身体がひどい状況であることに驚かされることになりました。

そもそも自分が便秘だという自覚はなく、生理痛もあって当たり前だと思っていました。もはや鼻炎も当たり前になりすぎて、鼻をすすっていることにさえ気づいていなかったのです。

しかし、生活習慣には気をつけていたこともあって、特に改善すべき点はなく、明らかな不調の原因は見当たりませんでした。

そこで腸内美容インストラクターから「土台」がいかに大切かを教わったのです。「いくら水や食べ物に気をつけても、土台となる腸の状態が良くないと体質は改善しない」と聞き、「とにかく自分の腸内にいる善玉菌が増え、元気に代謝物質を出せるようにしよう!」と、さっそくその日から腸内美容をスタートしました。

変化は3カ月後に突然現れました。

便が何の苦もなくスルスルと出るようになり、身体が軽くなったのです。初めての経験でした。生理痛もまったくなくなり、そして人生で初めて「肌がキレイになるというのは、こういうことか！」ということを実感できたのです。

洗顔をするときに肌の柔らかさを感じる！　腸内環境が整って、いらないものをちゃんと排泄できたから肌が変わったんだ！　ものすごく感激しました。


長年、肌にコンプレックスを抱えてきた私には、このときの感激、感動があまりに大きく、そのまま腸内美容を続けて4年が過ぎ、28歳になった頃、ついに腸内美容サロンで働くことを決意しました。

それと同時に、今度は肌の育菌ケアをスタート。しばらく肌状態は安定していたため、新しいケアに挑戦するのは勇気が必要でした。

最初の2週間は、少し乾燥気味になり湿疹が出そうになりました。が、2週間を過ぎると、一気に肌の調子が良くなったのです。肌の善玉菌が元気になってグリセリンをたくさん出してくれたおかげでバリアが形成され、肌が強くなった結果だと納得できました。

それまでは、お客様の化粧品アイテムも肌タイプごとに選んでいましたが、育菌ケアは肌タイプを選びません。菌が本来の働きをすれば、必ずトラブルは改善されキレイになるのだから。与えて与えて与えまくるケアでは、菌の出番は少なく成長ができません。菌たちは「自分たちの存在意義」を感じることができず、活動が停滞してしまいます。

育菌ケアは、菌が本来の働きができるようサポートするのみ。あとは菌たちが張り切って、どんどんキレイにしてくれるんです。

腸内美容と肌の育菌ケアの両立で、お客様の体質はどんどん改善され、肌もどんどんキレイになっていきました。これまでのケアの比ではありません。

生活が多少乱れても、ストレスフルでも、年齢を重ねても、みるみるキレイになっていきます。

サロンケアもカウンセリングも、お客様ご本人というよりは、お客様と共生している菌を褒め、菌を労わり、菌と会話しているような気持ちでした。菌抜きでは健康も美容も有り得ないのだから、そうなって当然のことなんです。

腸内美容と肌の育菌ケアは全国でたくさんの方が実践されていますが、喜びの反響をいただくたびに、驚かされています。私たちの経験や想像をはるかに超える改善事例が多数寄せられ続けているからです。お礼のメッセージやお手紙、お電話をいただくことも多く、スタッフみんなで喜び合うとともに、まだまだ必要としている方がたくさんいることも感じています。

菌と共生しているということを知らないままだったら、自分が自分だけで生きていると勘違いしていたかもしれません。

これからも、菌の存在の大切さ、共生することで得られる恩恵を、たくさんの方と共有していきたいと思っています。

40歳以降で差がつく美肌作り

基本的には美腸菌生活や美肌菌生活をベースにしていれば、健康で美しい肌になれるのですが、40歳以降に差をつけるためには、やはり毎日続けられ、結果が早く出て、短時間でできるものがいいですよね。

何度も言いますが、肌の見た目は角質で決まります。この角質の6層目まで美肌菌がいます。

美肌菌は乾燥・シワ・たるみを改善するグリセリンなどを出して、ツヤのある保湿膜を作ってくれますよね。この美肌菌を早く沢山増やすのにおススメなのが、「美肌菌コットンパック」です。

コットンを水で濡らして、「美肌菌ローション」を馴染ませ、お顔全体を10分〜15

分パック。

美肌菌は乾燥している角質では育ちにくいので、コットンパックで毎日水分保持し、美肌菌の育ちやすい環境を整えることで、10年後20年後の差が生まれます。

chapter
05

「美頭菌」を育てて頭皮からアンチエイジング

髪の老化や頭皮トラブルの原因は、頭皮の菌バランスにあり！

昔から、美しい髪は女性らしさの象徴といわれます。髪が艶やかだとそれだけで「若さ」を感じさせますよね。


でも、いくらシャンプーを変えても、トリートメントを頑張っても、

「髪のパサつきがおさまらない」

「髪がなんだか細くなってきた」

「抜け毛が止まらない」

「頭皮のかゆみやフケが気になる」

と、なかなか悩みが解決しないことってありませんか？

じつはそれ、頭皮の菌バランスの乱れが原因かもしれません。

頭皮にも、腸と同じように、私が**「美頭菌」と呼んでいる善玉菌のほか、日和見菌、悪玉菌が存在します。**

美頭菌が元気だと汗や皮脂、フケなどをせっせと食べてうるおいのベールを作ってくれるため、頭皮が滑らかに整って美しい髪が育つ環境を整えてくれるんです。

さらに、美頭菌が分泌するリパーゼという酵素によって作られる「脂肪酸」は、頭皮細胞と毛母細胞の発育に関係しているといわれています。まさに天然の「育毛剤」ですね。

美頭菌が活発に働いてくれると、自ずと髪も元気になるのです。

しかし、いったん菌バランスが崩れて美頭菌が減ってしまうと、皮脂膜のバリアができないため頭皮が乾燥し、悪玉菌が優勢となってかゆみや炎症、フケなどの頭皮トラブルの原因になります。

最近では、あるヘアケアメーカーが赤みのある頭皮を調べたところ、日和見菌であるコリネバクテリウム菌の割合が増加しており、白髪や抜け毛、細い毛などが多いことが判明しました。

菌バランスが乱れると、美しくツヤのある髪を作ることができなくなってしまうのです。

髪のパサつきや頭皮トラブルの原因は、頭皮の菌バランスにあり！

腸や肌だけでなく、頭皮にとっても菌バランスが重要なことはわかった。でも、頭皮って顔の皮膚より強いから、そんなに気をつけなくても大丈夫でしょ？　そんなふうに思っていませんか？

でも、それが大きな勘違いなんです！

頭皮の毛穴は肌に比べて大きく、分泌される皮脂の量も多いため、菌バランスが乱れやすくなっています。

余分な皮脂が酸化すると、ニオイの原因になるだけでなく、悪玉菌の増殖を招いて美頭菌が減ってしまいます。すると、頭皮を皮脂膜によるバリアで守ることができなくなって雑菌が侵入。かゆみや炎症が起こりやすくなるのです。

悪玉菌が繁殖しやすい頭皮を健やかに保ち、美髪を作るには、美頭菌を大切に育て増やしていくことが大切なのです。

とはいっても、菌は目に見えるものではないだけに、なかなかその大切さに気づくことができません。

そういう私自身もこれまでお話ししてきたとおり、10代で頭皮のかゆみや抜け毛が始まり、40代になってからは頭皮の脂漏性皮膚炎が原因で顔全体に湿疹が広がるという重大なトラブルを経験してきました。

抜け毛や脂漏性皮膚炎の原因が、じつは「マラセチア」という日和見菌の暴走だったことに気づくまでには、長い時間がかかりました。

菌の勉強をして美腸菌や美肌菌とともに美頭菌の育菌に励む中で、ようやく20年前後苦しんできたかゆみや脱毛症を改善することができたのです。

抜け毛による薄毛がひどかった時期は、「老けて見えるから嫌だな」「どうして自分ばっかり」と女性としての自信を失い、本当に辛い日々でした。

マラセチアは、酵母型真菌というカビの一種です。皮脂分泌が多いところを好むので、頭皮はもちろん、顔のTゾーンで繁殖しやすいのが特徴です。

この菌は、皮脂や汗を食べると、グリセリンと同時に遊離脂肪酸を分泌します。この遊離脂肪酸が、頭皮にとってやっかいなクセ者なんです。酸化すると、毒性のある過酸化脂質へと変わり、赤みのある炎症を引き起こします。

ニキビとよく似ていますが、脂漏性皮膚炎の場合はザラつきのある赤い炎症が広がったり、かゆみがあったりするのがニキビとの違いです。

脂漏性皮膚炎と似た症状に「マラセチア毛包炎」があります。

これは背中や胸元、二の腕などに赤いポツポツやザラザラができるというもの。背中のニキビが治らない……という人は、もしかしたらマラセチアが原因かもしれません。

日和見菌であるマラセチアは、健康な肌では特に悪さをしませんが、睡眠不足やストレスなどによる免疫の低下、ホルモンバランスの乱れ、ジャンクフードや肉中心の高脂質な食生活などが引き金となって、大増殖することがあります。

脂漏性皮膚炎やマラセチア毛包炎がなかなか治らず、重症化しやすいのは、私たちの身体が一度マラセチアを異物だと認識すると、マラセチアに対してアレルギー反応を起こしやすくなる場合があるためです。

私がまさにそうでした。

マラセチアは頭皮だけでなく顔や身体に普通にいる菌なので、顔まで炎症が広がってしまったのです。その後、自ら生活習慣を見直し、試行錯誤しながら育菌効果のある頭皮のお手入れ法を取り入れることで、マラセチアの大増殖を抑えることができるようになりました。

ただし、マラセチアへのアレルギーをきっかけにアトピー性皮膚炎が発症・悪化してしまう人もいるので、「もしかしてマラセチア菌が原因？」と思ったら、すぐ皮膚科を受診することをおススメします。

一方で、いくら薬でマラセチアの増殖を抑えても、菌バランスを崩す生活習慣やお手入れを続けていれば、またぶり返してしまうのが目に見えています。

そのため、私が実践していた次のような「美頭菌生活」で、頭皮を守ってくれる美頭菌を増やす生活習慣を身につけ、お手入れにも同時に取り組んでいきましょう。

美頭菌生活① シャンプーは1日1回

頭皮のためには、洗いすぎも放置もよくありません。

美肌菌と同じように、頭皮の美頭菌もシャンプーをすると洗い流され、復活して元通りになるのに約6〜12時間かかってしまうので、洗いすぎはNG。かといって、シャンプーをしないでいると菌が食べきれない皮脂が酸化して悪臭のもとになったり、悪玉菌が異常繁殖し始めます。

そのため、シャンプーは1日に1回程度がちょうどいい塩梅です。

美頭菌生活②
アミノ酸系シャンプーでやさしく洗う

皮脂量が多い頭皮は、毛根が詰まって悪玉菌が増加しやすい状態になりやすいもの。だからといって、皮脂を取りすぎる洗浄力の強いシャンプーを使うと、美頭菌がせっせと作ってくれた皮脂膜まで壊してしまいます。

美頭菌を育てながら、毛穴の皮脂をキレイにするには、頭皮にやさしいアミノ酸系シャンプーを使いましょう。

シャンプーはよく泡立て、指の腹を使って泡で毛穴の脂を溶かすように、やさしくやさしく洗います。強くこするのは、頭皮を傷め、美頭菌を減らしてしまう原因になるのでNGです。

美頭菌生活③ トリートメントは頭皮につけない

コンディショナーやトリートメントを頭皮につけてしまっていませんか？

これらのアイテムの役割は、髪を保護してツヤを出したり、ダメージを修復したりするもの。頭皮につけてしまうと、毛穴詰まりの原因になるので、毛先から中間にだけつけるようにします。

もちろん、頭皮ケアのためのスカルプタイプであれば頭皮につけても問題ありません。

美頭菌生活④ すすぎ残しは雑菌繁殖のモト

シャンプーやトリートメントのすすぎ残しは、悪玉菌の栄養源になってしまうので避けましょう。

シャンプーなどが残りやすい、生え際や耳の後ろなどは特に念入りにすすいでください。

髪が濡れたままの状態で過ごすのも厳禁です。そのまま寝てしまったりすると、雑菌やカビの繁殖を招き、フケやかゆみのもとになります。

美頭菌生活⑤ ノンドライヤーは絶対NG

お風呂から上がったら、頭皮に棲む可愛い美頭菌のために、どんなに疲れていてもドライヤーで髪を乾かすのを習慣にしてください。

最近は「速乾ドライヤー」など風量が強く短時間で乾かせるタイプのドライヤーもたくさん登場しています。

この機会に、いつも使っていたドライヤーを見直してみるのもいいかもしれません。

美頭菌生活⑥
最低7時間の睡眠で、過剰な皮脂分泌をストップ

生活習慣については「美腸菌生活」「美肌菌生活」と考え方や行うことは同じですが、私が脂漏性皮膚炎で苦しんでいたとき、いちばん症状に関係していると感じたのが「睡眠」でした。

なぜなら、睡眠不足のときによく症状が悪化していたからです。夜更かしをすると、抜け毛の量も確実に増えていました。

一方で、最低7時間睡眠をとったときは、過剰な皮脂が抑えられ、頭皮の炎症も落ち着いてきます。

脂漏性皮膚炎で悩んでいる人は、睡眠を改善することを第一に考えるといいでしょう。

もちろん、これは脂漏性皮膚炎以外の人にも当てはまることです。美頭菌を育て、艶やかな髪を手に入れたいなら、できるだけ7時間睡眠を心がけてくださいね。

美頭菌生活⑦ 頭皮の炎症にはトマトやイチゴが効果的

食事についても、「美腸菌生活」「美肌菌生活」をベースに、頭皮の皮脂分泌を促す高脂肪の揚げ物や霜降り肉、糖分などはなるべく避け、高タンパク・低脂肪の食事を心がけましょう。

アルコールや香辛料も皮脂量を増やすので、摂りすぎは禁物です。

また、脂漏性皮膚炎などで頭皮の赤みや炎症が気になる人は、炎症の回復を早めるビタミンB、ビタミンCを多く含む食材を積極的に摂って。トマトやホウレンソウ、キャベツ、ピーマン、ブロッコリー、レバー、イチゴなどがおすすめです。

chapter

06

メンタルが安定し、強運体質になれる「育菌生活」

「育菌」はメンタルの悩みに効果絶大！

これまでも時折触れてきましたが、この章では「育菌がもたらすメンタルへの効果」について、まとめてお話ししていきたいと思います。

私自身が身をもって体験してきたことですが、**腸内環境が整うとポジティブになって目標が定まり、どんどん人生が良い方向へと変わっていきます。**

「最近、どうもツイてない」
「恋愛がうまくいかない」
「自分のやりたいことがわからない」
「すぐ思い悩んでクヨクヨしてしまう」

「嫌な上司やわがままな女友だちに振り回され、人間関係に恵まれない」

こうしたメンタル面の悩みに、育菌は効果絶大なんです。

こうした悩み事の相談を受けたとき、私は

「とりあえず、納豆を食べてよく寝なさい」

とアドバイスしています。

最初はみなさん「は⁉　何を言ってるの？」「菌で悩みが解決するわけがない！」と驚きあきれるのですが、育菌について丁寧に説明していくと、「そういうことだったんですね！」と納得してくださいます。

〝幸せホルモン〟は腸で作られる

なぜ育菌がメンタルに効くのでしょうか。

腸が「第二の脳」と呼ばれていることは、すでに触れました。腸には多数の神経細胞が存在し、いったん体内に有害な物質が侵入すると、脳の命令を待たずに大量の分泌液を出し、下痢を引き起こして体外への排出を試みます。

腸が脳に似た働きをして、私たちを守ってくれているのです。

そして、腸が脳に似ているどころか、ほとんど脳そのものの働きをするケースもあります。

それが、脳の中で大切な働きをする「神経伝達物質」を作り出すことです。

人が快感や幸福感、「よしやるぞ！」という意欲などを感じるとき、脳の中で働いているのが「ドーパミン」「セロトニン」「アセチルコリン」などと呼ばれる神経伝達物質です。これらはそれぞれ、次のような働きをしています。

・ドーパミン……脳に喜び、快楽、興奮といったメッセージを伝え、意欲や運動システムにスイッチを入れる役割を担っている。
・セロトニン……〝幸せホルモン〟と呼ばれ、前向きな気持ちを作り出したり、感情をコントロールしたり、精神を安定させたりする役割を担っている。
・アセチルコリン……集中力や記憶力、ひらめきなどを高める役割を担っている。

こうした神経伝達物質は、そのほとんどが脳ではなく腸で作り出されています。
腸は私たちの幸せを左右する大切な臓器なのです。

考え方や心のクセは「腸」ですぐ変えられる

なぜ育菌がメンタルに効くのでしょうか。

神経物質のもととなるのは、タンパク質が分解されてできるアミノ酸です。腸の中で、アミノ酸を原料に神経物質が作られるのですが、単に肉や魚を食べればいいのかといえば、そう話は単純ではありません。

腸の中で神経物質が作られるとき、深く関係してくるのが、「腸内細菌」なのです。そのため、美腸菌の数が減ってしまえば、ドーパミンやセロトニンなども減ってしまいます。反対に、美腸菌が元気な腸の持ち主であれば、ポジティブなハッピーオーラを放てるようになるんです。

メンタルを変えたいと思ったら、美腸菌を育てるに限ります。

考え方や心を変えるのは、とても難しいこと。クヨクヨ悩みがちな人に「悩むな！」と強制しても、心のクセはなかなか自分では変えることができません。

だったら、美腸菌生活で腸を変えてみてください。

たとえば、失恋したときも、腸内環境によってどう考え、行動するかはまったく違ってきてしまいます。

前向きに考えられる身体作りができ

ていれば、「今回の別れは、もっといい人と出会うため」とポジティブに考えられるもの。

ところが、腸内環境が悪いままだと、未来への不安が強く、気持ちも不安定なので「捨てないで」「この人しかいない」と目の前の人に執着してしまいます。

もちろん仕事でも同じことがいえます。ミスを上司から注意されても、美腸菌が元気な人は「ご指摘ありがとうございます！　注意してくださったおかげで大問題にならずに済みました」と感謝し、取引先に迅速に対応することができます。

それに対し、悪玉菌だらけの腸の人は「なぜ私ばかり注意するのか」と上司に不満を抱き、同僚や友だちに「あの上司、最悪」とグチります。取引先にも言い訳をしてばかり。

どちらが幸せな人生を送るのか、答えはいわずともわかりますよね？

本当の美しさは「腸」が作る

「いやいや、でも美人なら不平不満だらけだってトクする人生を送れるでしょ？」「性格が悪くても、美人なら男性にモテるから！」と思ったあなた、どうか安心してください。

1章でお話ししたように、現在は「ヒルの時代」に移行し始めています。

見た目がいくら美人でも、腸内が悪玉菌で汚れていて血もドロドロ……という人は、そのねじくれた心やネガティブな考え方が、必ずどこかで表面化し、みんなにバレてしまいます。

「人は見た目が10割」ではありますが、顔だけの表面的な美だけではやっていけない時代がやってきます。

本当の美しさは「腸」から作る。

それが今の時代に合った「美しさ」の作り方です。

心のブレ度で、菌バランスの状態がわかる

私たちの食べたものや睡眠、ストレスなどの影響がダイレクトに反映される腸内の菌バランスは、常に整っていて快調！ というわけにはいきません。仕事が忙しかったり、ストレスを感じる出来事があったりすれば、自ずと菌バランスが崩れ、メンタルにも悪影響が及んでしまうものです。

大切なのは、「自分は今、菌バランスが乱れている」と自覚すること。「自覚できるかどうか」が、幸せな人生を歩むのか、不幸な人生を歩むのかの分かれ目です。

とはいえ、残念ながら腸の中を覗くことはできないので、菌バランスの状態を知るには、「心のブレ度」が基準になります。

180ページの「心のブレ度チェックリスト」は、美腸菌が元気な腸の持ち主で、恋・仕事・人生で成功できる人の「ブレない考え方」をリストアップしたものです。

「そう思う」「そう行動している」と思う項目を、チェックしてみてください。

チェックがついた項目が多いほど、美腸菌が元気で心がブレず、目標が定まって、人生を一直線に進んでいる状態です。

反対に、チェックがついた項目が少ない人は、美腸菌が減って悪玉菌が増えている状態です。大増殖しつつある悪玉菌に日和見菌が影響され、「悪玉菌化するか」「現状維持か」で揺れており、だから心がブレるのです。

自分の菌バランスや心の状態を知るために、ときどきこのテストをしてみてくださいね。

ブレ度が高ければ、腸内環境が乱れ、健康も心もよくない状態にあるサイン。生活習慣や食事を見直し、身体を健康に整えることから心を変えていきましょう。

心のブレ度　チェックリスト

□ ネガティブなことを言う人は、自分の運を下げる人、バランスを取りつき合っている

□ 迷ったときは「得」より「好き」を選んでいる

□ 求めるとストレスになる。与える人になったほうが人生はラクで楽しい

□ 情報過多に惑わされない

□ 優しくできないときは、会話の最後に「ありがとうございます」を添えている

□ 自信が持てないときは、前準備をしっかりしている

□「悪玉菌」（人）を見極めることができる

□「認めてほしい」をやめる

□自己承認欲求を高めている

□怒るとエネルギーは運を下げるので冷静に分析している

□謝れるほうが賢い

□「自分を理解してほしい」をやめる

□ひと呼吸おき受け止める心を育てている

□他人と比べない

□健康から心の状態を保っている

では、それぞれの項目について、私がなぜそう思うのかを解説していきます。こうした考え方ができれば、ストレスで美腸菌をいじめることもなくなります。ぜひ自分と向き合う時間を持って、日々の考え方や生活を軌道修正しながら目標に向かって歩んでくださいね。

□ネガティブなことを言う人は、自分の運を下げる人、バランスを取りつき合っている

グチや悪口ばかり言う人は、悪玉菌に支配されたかわいそうな人。

こういう人の話に本気で耳を傾けてしまうと、ストレスで美腸菌がダメージを受け、あなたの運気まで下がってしまいますので聞き流すに限ります。

□迷ったときは「得」より「好き」を選んでいる

損得ばかりにとらわれるのは、悪玉菌が優勢になっている証拠。損得だけでは物事や周囲の人への愛情が育ちません。

□ 求めるとストレスになる。与える人になったほうが人生はラクで楽しい

相手から思ったような愛情や評価が返ってこないと、「なんで愛してくれないの?」「なんで評価してくれないの?」と大きなストレスを抱え込み、美腸菌にダメージを与えることになってしまいます。

それなら、自分から与える人になったほうが、ストレスがなく、美腸菌を喜ばせることができます。

ただし、見返りを求めてしまうなら、与えないほうがいいでしょう。

□ 情報過多に惑わされない

美腸菌が優勢だと、自ずと「善」の情報を脳がピックアップしてくれます。

悪玉菌が優勢だと、「悪」の情報が入ってきて心が乱れてしまうのです。

あれこれ入ってくる情報に惑わされてしまうのは、菌バランスが乱れているサインです。

□ **優しくできないときは、会話の最後に「ありがとうございます」を添えている**

菌バランスが整っていれば、人に優しくできない心理状態や状況に置かれているときであっても、感情や行動をコントロールできるもの。

自分が発したプラスの言葉は、自分の心を和らげてくれます。

□ **自信が持てないときは、前準備をしっかりしている**

美しい人、仕事がデキる人は、きちんと肌のお手入れをする、バランスの取れた食事を摂る、資料を読み込む、打ち合わせやプレゼンで何をどうアピールするか、言葉や行動をリハーサルする、といったように常に万全の〝準備〟をしています。

だから自信があふれ出るのです。

自分に自信が持てないときは、しっかり生活を整えて美腸菌を育て、準備に時間をかけるようにしてみてください。

□「悪玉菌」（人）を見極めることができる

悪玉菌だらけの人は、あなたに共感しているように見せかけながら近づいてきます。腸内の菌バランスがとれていると、悪玉菌が優勢になっている人を見分けられるのですが、腸内環境が乱れているとこうした魂が汚れた人たちの餌食になってしまうんです。すると、ポジティブな仲間と過ごしたり、一人で豊かに過ごしたりする時間が削られてしまいます。

さらには、飲んだり食べたりしながらグチや悪口に付き合わざるを得なくなり、無駄にお金を減らしてしまうことに！

周りを悪玉菌の持ち主だらけにしないためにも、美腸菌を増やす育菌に励みましょう。

□「認めてほしい」をやめる

「認めてほしい」という欲求が高まってしまうのも、美腸菌が弱っているサイン。人から認められたいという承認欲求は、「自己愛」そのもの。

自己愛を人に求めるのではなく、まずは自分で自分を愛せるよう、生活を見直して腸内環境を立て直していきましょう。

□自己承認欲求を高めている

美腸菌を大切に育てていくと、自ずと自分の心の声に気づくことができるようになっていきます。

自分の心の声を自分自身がしっかり聞き取ってあげることで、「私は私でいいんだ」と自分を受け入れる心が育ちます。

□怒るとエネルギーは運を下げるので冷静に分析している

イライラ、カリカリして怒りっぽいのは、菌バランスが崩れてセロトニンの分泌が減っているサイン。

腸内環境を整えれば、自ずと他人の失敗を受け入れて、許す心が育ちます。失敗しない人はいませんし、あなた自身もさまざまな人から失敗を許されて、ここにたどり着いていることを忘れてはいけません。

怒りを感じたときは「怒ってもストレスになって美腸菌を疲れさせ、自分の運を下げるだけ」と心得ましょう。

□謝れるほうが賢い

自分が悪いのに謝れないのは、悪玉菌が優勢になり、「自分は悪くない」「自分の責任になるのは嫌だ」という自分本位な「自我欲求」が強まっているサイン。美腸菌が優勢であれば、自分に自信があるため、ミスをしてもしっかり対処すれば大丈夫だと考えられ、気持ちよく素直に謝ることができます。

□「自分を理解してほしい」をやめる

「自分のことをわかってほしい」と自分のことばかり話すのは、腸内に悪玉菌がはびこっているサイン。

美腸菌を増やすと、「相手にとってプラスになることを話そう」と他者本位の考え方ができるようになります。

□ひと呼吸おき受け止める心を育てている

相手に合わせた話し方や行動ができず、自分のやり方をグイグイ押し通そうとしているときは、菌バランスが乱れている証拠。

美腸菌が元気になると、感情を状況に応じて上手にコントロールすることができるようになります。

そのため、グイグイ行きたくなっても「ひと呼吸」おくことで、状況を俯瞰して見ることができ、相手に合わせた言動がとれるようになるのです。

□ 他人と比べない

高収入の恋人ができたり、仕事で成功したりした友だちを見て、「私とは雲泥の差……」と落ち込んだり、イラついたりするのは、腸内環境が崩れているサイン。菌バランスが整えば、他人と自分は価値観が違うのだから、目標も欲しいものも違っていて当たり前、と考えられるようになります。

□ 健康から心の状態を保っている

落ち込んだり、イライラしたりと心が忙しいのは、悪玉菌が優勢になっているサイン。生活を立て直して美腸菌を増やし、健康な腸をキープしていくことが、穏やかな海のように安定した精神状態につながります。

不思議なくらい心境が変わる身体作り

「心のブレ度　チェックリスト」を見ておわかりいただけると思いますが、恋や仕事で成功したいのであれば、自分自身の長所や欠点と向き合うことが必要不可欠です。

自分の良いところを伸ばし、悪いところを改めて、自分自身が「コレだ！」と思える目標や理想を見つけ、それを追求していく。他人のせいにしたり、他人に依存したりせず、自分で自分の道を切り拓いていくのが、幸せになる秘訣です。

でも、「他人のせいにするのはやめよう」といくら心に決めても、長年積み重ねてきた心のクセは、一朝一夕に改められるものではありません。

だから、菌から変えていくのです。

健康や美を入り口に美腸菌や美肌菌を育て、ポジティブになる身体作りをしていくと、自分でも不思議なくらいスコーンと心境が180度変わります。

そして、物事を前向きに考えられるようになると、自分の負の側面としっかり向き合うことができるようになるのです。

悪玉菌が優勢のときは、自分の嫌なところに目を向けるのはとても辛いことです。ネガティブにしか考えられないので「どうして私はこんなふうに生まれついたのか」「美人に生まれた人がうらやましい」「こんなふうに生んだ親のせいだ」などと、出口が見えない悩みにモンモンとし、人をねたんだり、自分の不遇を他人のせいにしたりしがちです。

しかし、美腸菌や美肌菌が優勢になってくると、考え方が明るく建設的になりますから、「私は人をうらやんでしまうところがあるけれど、それは意味がないこと。改めよう」と、自分の欠点を受け入れ、改善のためのアクションを起こせるようになるのです。

強運体質になるには「育菌」が一番の早道！

菌を育てると、身体や心が変わり、人生も変わっていく。そんな素晴らしい変化をみなさんに体験していただきたいというのが、私が本書を執筆した理由のひとつです。

私自身が育菌によって、一番大きく変わったと実感しているのが、「強運体質」になれたことです。

「自分がこうしたい」と思ったら、その分野の第一人者である専門家と出会えたり、協力してくれる人が次々と現れたり。**自分のビジョンを叶えるために行動していくと、不思議と物事がスムーズに運び、どんどん実現できるようになります。**

さらに、ふと入ったお店で以前から欲しかった絵を見つけたり、いつもと違う道を通ったら偶然昔の知り合いに会って人を紹介してもらったり、といった幸運に恵まれる回数が飛躍的にアップしたのです。

なぜ、菌を育てると運を引き寄せることができるのかを私なりに考えてみたところ、思い当たることがありました。

育菌で身体や肌、心が整ってくると、自ずと自分自身の心の声に耳を傾けることができるようになっていきます。

自分自身の心の声を聞くことは、菌の声を聞くこととイコールでもあります。美腸菌や美肌菌が元気になると、自ずと食の好みも「ポテトチップスよりお豆腐が食べたい♥」と菌が好むものへと変わっていきますし、美腸菌をいじめるような生活もしなくなります。

人間関係も、悪玉菌が優勢の人とお付き合いすると、自分の美腸菌が嫌がるので、周りには菌バランスの取れた気持ちのいい人ばかりになっていくのです。

その結果、**美腸菌や美肌菌を育てれば育てるほど、「自分は何を幸せだと感じるのか」**

「自分は本当は何をしたいのか」と自分自身の内面を掘り下げることができ、目標やビジョンが定まってブレない生き方ができるようになっていきます。

恋愛や結婚についても同じです。

世間的にいわれているような「年収1000万円以上」「高身長」「高学歴」といった相手のスペックは気にならなくなって、「自分にとってどういう人がベストなのか」が見えてきます。私の理想の結婚相手は「次男」「子ども好き」「家事が好き」な男性で、そのとおりの相手と結婚しました。

自分の美腸菌や美肌菌は、自分にしか育てることができません。自分が自分の最高のプロデューサーになれば、病気も予防できて美しくなり、楽しい人生を送ることができます。

菌を育てると、自分自身も成長し、運がどんどん開けていくのです。

育菌はまさに「自分育て」「運育て」なんですね。

育菌で運が開けた2人

育菌という考え方を知り「人生が大きく変わった」と話してくれたのが、化粧品の製造販売や貿易を行う会社を経営する男性社長です。

当時、彼はそれなりに成功を収めていたものの、「本当に今のままでいいのだろうか」「自分はどういう生き方をしたらいいのか」「自分の命を輝かせるためにはどうすればいいのか」と迷っていたといいます。

そんなとき、「育菌」という考え方に触れ、内面から身体や肌、心を変えるというコンセプトに共感。「これに人生を賭けよう」と育菌生活を実践しつつ、育菌コスメの開発に腰を据えて取り組み、1年間で10万本を売り上げる大ヒット商品を送り出しました。

今ではUAE、ロシア、アメリカ、台湾、中国と海外からもたくさんオファーを受け、育菌の輪が広がっています。

「育菌美容と出合って心の底から〝yes〟と言える仕事ができるようになり、本当に人生が変わりました」と彼は言います。

また、自分の成功だけでなく、「世界が愛と幸せにあふれる素晴らしいものになりますように」と心の底から願えるようになったそうです。

この〝利己主義〟から〝利他主義〟への心境の変化が、育菌がもたらす大きな効果なのです。

また、育菌ライフで「運気が上がった」と実感している50代のサロン経営者の女性もいます。

少しずつ善玉菌の喜ぶ食事や乳酸菌生産物質のサプリを取り入れて、腸の中を善玉菌優勢にしていくと、肌がツヤツヤイキイキしてきて周りのスタッフやお客様から、「肌キレイになったね」「なんか違う。何かしてる？」と言われるようになり、自分自身も内側からイキイキしてきた感じがあったといいます。

〝幸せホルモン〟のおかげで、心の持ち方もどんどんプラス思考になって人への接し方が変わり、相手がこれまでより好意的になったのが感じられるようになっていきました。

すると、彼女自身が話す言葉も、自分本位ではなく、相手のための言葉になります。人間性は「言った言葉と言われた言葉によって作られる」ということを、身をもって感じたそうです。

言葉は行動や態度にも変化を及ぼします。さらに積極的になり、菌が喜ぶ生活習慣を実践するのが苦にならなくなると、自分のお子さんや周囲の人たちとの会話もそれまで以上に楽しくなり、ステキな人たちとの出会いも増えていったのです。

神秘的臓器である腸を整えることで、自分が成長できる出会いが度重なり、運が開けてきたことが実感できた彼女は、今も幸せな育菌ライフを送っています。

みなさんも、身体や美容、心、そして運を変えてくれる育菌生活の効果を、ぜひご自身の腸や肌で体感してみてください。

あとがき

今回、本書の出版にあたり、これまで私自身が実際に経験してきたことを幾度となく振り返ることになりました。そしてそれは、自分がどれだけ多くの人の支えによって生かされているかを見直すことができる、絶好の機会になったのです。

もし、あのとき病気になっていなかったら、あのとき手を差し伸べてくれた人がいなかったら、協力してくれる仲間がなかったら、今の私は存在していないと思います。

現在の私があるのは、私自身の力ではなく、周囲の人たちの支え、すなわち善意のある人たちが作り出す環境のおかげだと確信しています。

過去には何度も失敗や裏切りなどでくじけそうになりました。でも、そんなときにいつも前を見て歩いてくることができたのは、あのときのあなた達がいてくれたからです。

腸内環境も人間社会と同じように、毎日の食事やストレスなどによって、よい状態にも悪い状態にも変化します。腸内環境では善玉菌の多い環境であれば、悪玉菌に負けることは絶対ないのです。

人間社会も同様に、これまで自分が作ってきた環境や人間関係（友人や同僚、上司など）によって、良くも悪くも変化してしまいます。

一番大切なのは、みなさん一人ひとりが、周囲にいい影響を与えることのできる一人だということに気づいて行動することです。

一人ひとりが社会の善玉菌となることで、きっと理想の世の中になると信じています。一人の力は小さなものですが束になるととてつもない力になります。

この本が、幸せの輪を広げるための、小さな一歩になることを願っています。

そしてその一歩が、やがて自分だけでなく、周りのたくさんの人を幸せにすることになる大きな一歩へとつながっていくことを心から期待しています。

みなさまの人生が開花しますように。

HAZUKI

腸内美容家 **HAZUKI**

20歳で補正下着の訪問販売をスタートし、トップ販売員に。21歳で顧客の要望に応えてエステティックサロンの世界に飛び込み、26歳でトータルビューティーサロン「セイプ」を設立。病気をきっかけに学び始めた腸や免疫の知識を美容に生かした「腸内美容」を開発。エステ業界最大級コンテストでは、モデルサロン部門・技術部門をダブルで受賞。美腸菌・美肌菌を育てることで、自然治癒力や免疫力を高める技術とプレゼンテーションを披露し、エステ業界に、最新のバイオジェニック美容法の新しい風を送りこんだ。本来、誰でもが持っている自分自身で美しくなる力を内面・外面から引き出し、自分を信じ自立することを使命に株式会社カイカ 代表取締役社長として、商品開発から経済的・精神的に自立のサポートを行う。最近では、美肌菌コスメがドバイに渡り、日本のエステ技術や育成にも取り組んでいる。1人ひとりの人生が開花しますようにと願いを込め女性を輝かせる活動に邁進している。

幸運体質づくりの
↓↓動画が見れます↓↓

カイカホームページは
↓↓こちらから↓↓

http://kaika82.com

腸内美容メソッド

2019年5月30日　第1版　第1刷発行

著　者　　HAZUKI

発行所　　WAVE出版
〒102-0074　東京都千代田区九段南3-9-12
TEL 03-3261-3713　FAX 03-3261-3823
振替 00100-7-366376
E-mail: info@wave-publishers.co.jp
http://www.wave-publishers.co.jp

印刷・製本　中央精版印刷株式会社

NDC595　202p　19cm　ISBN978-4-86621-206-7